北爪真佐夫

争乱期を生きぬいた

頼朝と義経

花伝社

争乱期を生きぬいた頼朝と義経◆目次

第五章　義経の活躍……76

第六章　頼朝の御家人対策……85

第七章　平氏敗北後の義経……103

第十章　頼朝征夷大将軍となる……201

おわりに……235

はじめに

武者の世の到来

日本歴史上の平安時代の前期、つまり十世紀の前半あたりは、古代社会の転換期であって、その徴候としては公地公民制、その基礎台帳でもある戸籍などの偽籍が横行し廃絶されることなどにみることができる。本書との関連でいうと承平天慶《じょうへいてんぎょう》の乱、別名将門《まさかど》・純友《すみとも》の乱などが起きている。これらの乱に続くものとしては平忠常の乱や前九年・後三年の合戦（役ともいう）がある。

こうした諸叛乱が中央政界にも直接影響を与えるようになったのが十二世紀中頃の保元《ほうげん》の乱や平治《へいじ》の乱である。源頼朝や義経を扱うには清和源氏《せいわげんじ》の祖、源経基《みなもとつねもと》あたりから説き起こす必要があるのだが、最低限、彼らの父義朝《よしとも》が活躍した保元の乱は問題としなければならないであろう。

保元の乱の直前に生まれた天台宗の高僧慈円《じえん》はその著『愚管抄《ぐかんしょう》』の一節で「保元々年七月二日鳥羽院ウセサセ給ヒテ後、日本国の乱逆ト云コトハヲコリテ後、ムサノ世ニナリニケル也ケリ」と述べて「武者の世」の到来を告げている。同時に「コノ内乱タチマチニヲコリテ、御方コトナクカチテ、トガアルベキ者ドモ皆ホドホドニヲコナハレニケリ。死罪ハトドマリテ久ク成タレド、カウホドノ事ナレバニヤヲコナハレニケリ」といっている。

ここで慈円がいっている「死罪とどまりて」とは、「保元物語」で「まさしく弘仁元年（西暦八一〇）に仲成《なかなり》を誅せられてより、帝王二十六代年紀三百四十七年、絶えたる死刑を申し行ひけることそうたてけれ」といっているように、前帝である平成天皇《へいぜい》の寵愛を得ていた藤原式家流の藤原薬子《くすこ》がその権勢を守るため兄仲成と平成上皇の重祚《じゅうそ》（天皇を二度務めること）を企てたが未然に発覚し鎮圧され、仲成は死罪となった事件（八一〇年）以降は死罪は行われなかったが、三四七年たったこの保元の乱で復活し、頼朝らの父義朝はその父為義《ためよし》を斬って死罪としたことで前代未聞のことといわれたのである。死罪の強行派は「凶徒」を諸国に分けて流罪にしたのでは定めて兵乱の基となるという意見で、事実上の最高刑である流罪では駄目だというし、死罪反対派は律令に定めている死罪を行えば海内《かいだい》に謀叛の者が絶えないということで「意趣返し《いしゅがえし》」（しかえし）をなくすことができないといっているのである。

さて、以上の指摘と事例のみでは保元の乱（一一五六年）以降の社会を語りつくせないのは当然であるが、この時代の前ぶれというか特徴の一端をこれらの事例が象徴的に示しているものとみてよいだろう。

いうまでもなく頼朝も義経も時代の子であって、彼らの個性に注目すると同時に、この時代や社会のもっている特質が刻印されているはずであるから可能な限りそのもととなっている時代や社会相を追いながらその実像にせまってみたい。

そこで本書ではまず保元の乱とはどんな乱であったかを簡単に説明することにしよう。なお、ここでいっている死刑は律令法に基づく死刑＝謀叛のことをいっているのであって、流罪に減刑されたといっても、「合戦」などでの戦死者や殺人などがあったことはいうまでもない。

保元の乱

一一五六（保元一）年七月に起きた保元の乱は当時の「朝家」（朝廷）と摂関家（藤原氏）それぞれが二派に分れて対立した事件で、崇徳上皇《すとくじょうこう》の皇位継承に関する不満に、藤原氏内部の藤原忠通《ただみち》と藤原頼長《よりなが》との対立が結びつき、鳥羽上皇の死去を契機として、崇徳上皇方には藤原頼長、武士の源為義と平忠正《ただまさ》が結びつき、後白河天皇側の藤原忠通には武士としては源義朝・平清盛とが加担して両者が激突し、後者の後白河天皇側が勝利し、敗者の側の崇徳上皇は讃岐国《さぬきのくに》に流罪となり、頼長は戦傷死し、源為義と平忠正は斬首＝死刑に処せられたのである。

この乱は朝家や摂関家の相続争いなどの内部対立が平和的な手段での解決が不可能となったため、その解決に武力＝軍事力が行使され、その結果、武士のもつ軍事力などが評価される一方で、藤原氏などの公家や朝家などの政治の無力化の進行がはっきりした事件でもあった。慈円がこの乱を契機として「武者之世」の到来といったのはことの決着が武士のもつ軍事力によったからであった。

ところで保元の乱が起きたとき源義朝が提起した白河殿夜襲作戦をよしとして採用したのは藤原通憲《みちのり》（信西《しんぜい》）で、はじめの計画では源氏の部隊を出動させ、平氏の部隊は内裏《だいり》の警固にあてるよう定められていたが、平氏の部隊も源氏とともに出動させることになったのである。そのためもあって、この乱では平氏はたいしたはたらきをしなかったのに恩賞の方は源氏をしのぎ、源氏の不満を醸成させる要因をつくり出したのである。他方で乱後の敗北側の崇徳上皇方に対する処分は極めてきびしく、死刑を復活させていたのである。

義朝に父為義を、清盛に叔父忠正を斬首するように指示したのは藤原通憲であった。彼はこの乱で崇徳上皇側の勢力に打撃を与えただけではなく、摂関家（藤原氏）の弱体化を図り、乱後の武士の処分ではとくに源氏に対して厳しかったのである。義朝が自分たちの戦功を理由として父為義や幼い弟達の助命を願ったもののかなえられず、やむなく斬罪に処したのであった。

このことは代々藤原摂関家の家人として忠実に仕えてきた源氏に痛手を加えることであり、ひいては摂関家を弱体化させることにも通ずるものであった。摂関家の代表格であった関白藤原忠通としては義朝を擁護しなければならなかったのだが自派の家を守るのが精一杯でただただ見守るしかなかったのである。

ここで改めて源平両氏の保元の乱の決算をみてみれば、この乱以前の一一五三（仁平三）年に父忠盛の死により「富は巨万、奴僕《ぬぼく》は国に満つ」と左大臣藤原頼長に評されたほどの遺産を受継ぎ平氏の棟梁《とうりょう》＝総師となった平清盛は播磨守《はりまのかみ》（播磨国の長官）・大宰大弐《だざいのだいに》（太宰府次官）となったのに対し、源義朝は左馬権頭《さまごんのかみ》でしかなく、昇殿が許されたのは平氏方では清盛、弟頼盛《よりもり》、教盛《のりもり》であったのに対して源氏方では義朝と義康《よしやす》のみといった具合で合戦で最も活躍し犠牲の多かった義朝らに対する恩賞は薄く、戦功のほとんどなかった清盛らには厚かったのである。しかも源氏は二分してたたかい、敗北した為義側は多大な犠牲者を出したのに対して、平氏側も二分してたたかったが、その痛手は軽いものだったのである。父をはじめ多くの犠牲を払って勝利したものの、報われることの少なかった義朝の怒りは大きかったのである。

皇室略系図

傍線のある人は院政を行った人

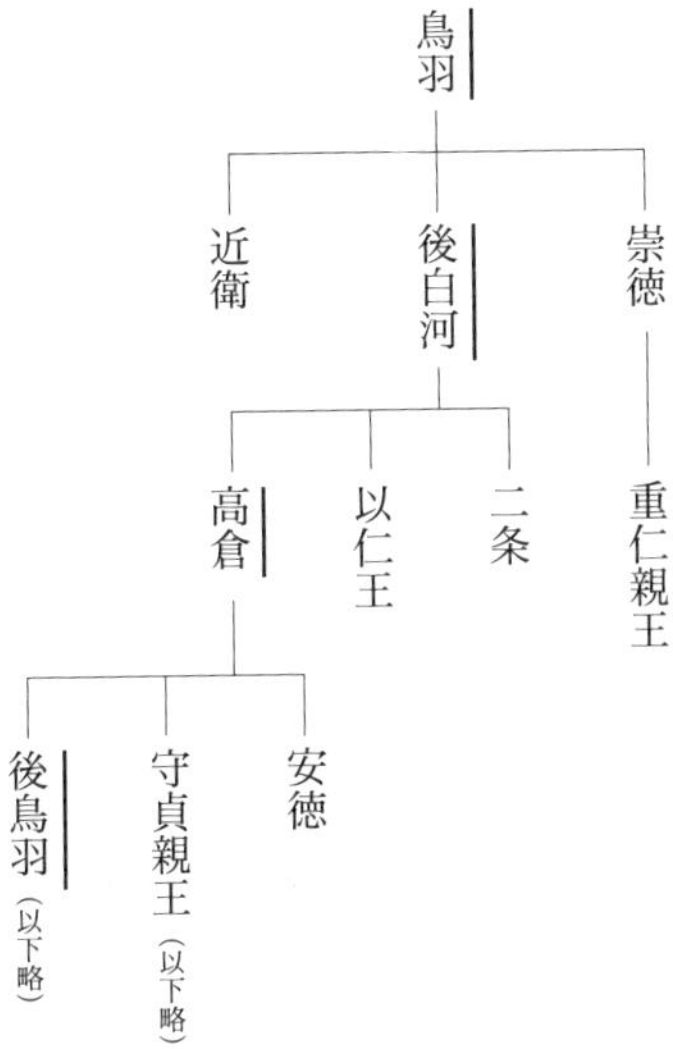

藤原（北家）略系図

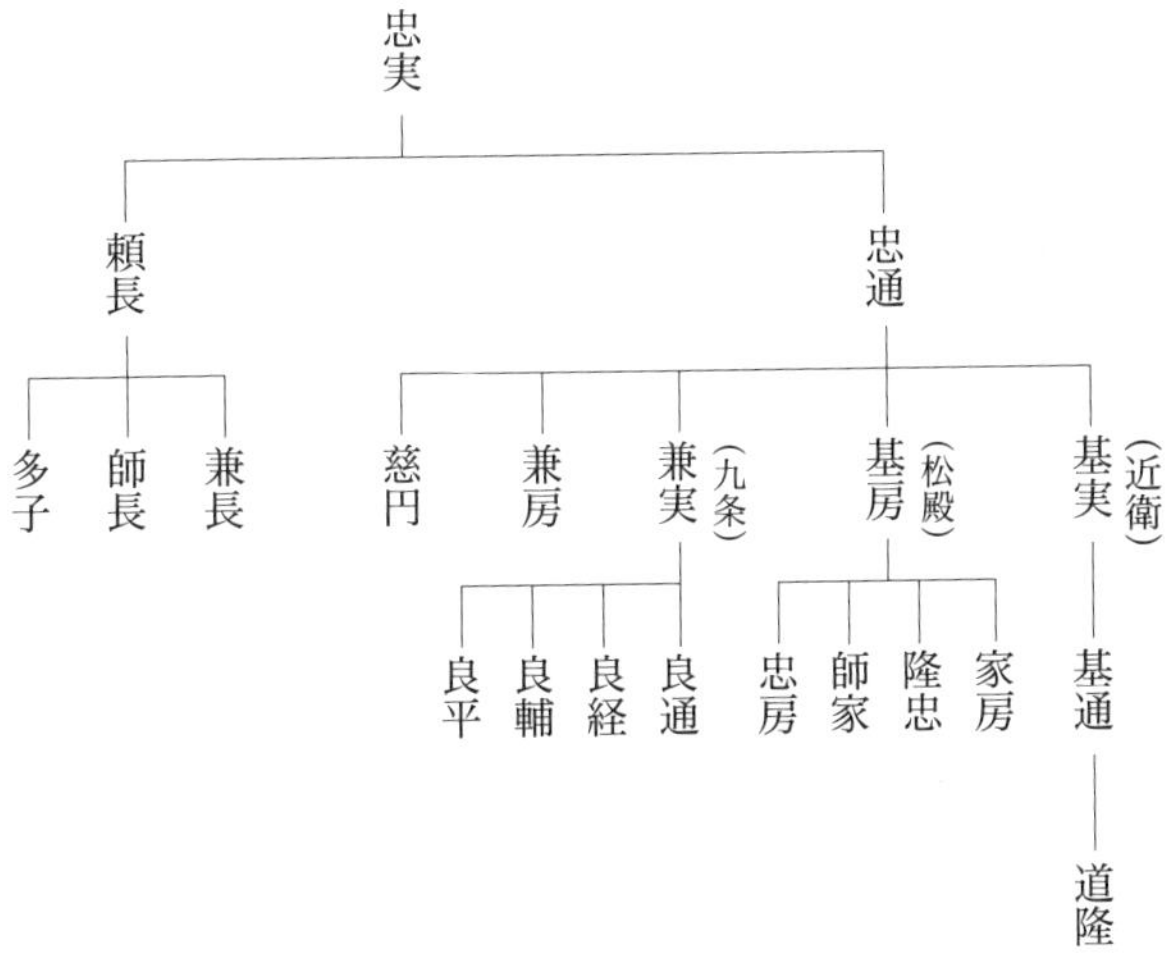

平治の乱

一一五六年の保元の乱から三年後の一一五九（平治元）年に再び内乱となった。この内乱は元号にちなんで保元の乱と同様に平治の乱というがこれは保元の乱後、勝利した側の源義朝と平清盛との間に勢力争いが起こったからであった。

清盛は後白河上皇の寵臣である藤原通憲（信西）と結んで権勢を誇り源義朝を圧倒した。義朝としては通憲と結ぼうとしたが、すでに清盛と結んでいたためその企ては失敗し、通憲と対立していた院近臣藤原信頼《のぶより》と組んで対抗することにした。そこで清盛らの熊野参詣《くまのさんけい》で都を留守にしているときをねらって挙兵し、清盛らの打倒を計ったが敗北した。信頼は保元の乱で活躍した藤原通憲に近衛大将となることを阻まれたため恨むようになり、両者の対立が深まっていたのである。

ところで保元の乱の武士の処分でみてみると清盛は叔父の忠正父子の五人を斬首したのに対して、義朝は父為義と弟頼賢《よりかた》、頼仲《よりなか》、為宗、為成、為仲を、源義康が平家弘ら兄弟父子七人を斬首した。なお、為義の八男で義朝の弟にあたる為朝《ためとも》は乱後に捕らえられたが、その「弓射の芸」が秀でていることを惜しまれて死罪を免れ伊豆大島に流罪となった。

ところでこの為朝についてはその後琉球に逃れて琉球王の祖となったという伝説が沖縄に伝えられている。そういえば後程ふれることになる義経についても歌人で国文学者である折口信夫氏（私が大学三年のとき死去している）は貴公子が流罪の身となってつづる文学のことを「貴種流離譚《きしゅりゅうりたん》」と命名しているが歴史家高橋富雄氏は室町期の「義経記《ぎけいき》」巻五「義経吉野山に入り給ふ事」以下はまさにそれにあたるといっておられる。

さて藤原信頼であるが、そこで清盛と対抗している義朝に働きかけて味方にすることを計った。他方の義朝は保元の乱の恩賞で冷遇され、通憲（信西）の子息を婿に迎えようと働きかけるなどしたものの失敗し敵視するようになった。他方信頼はクーデター成功後に二条天皇を推戴することができれば天皇親政派の支援が得られると信じ、こうして両者は通憲に敵対するという一点で結託し通憲打倒で決起した。クーデターには院の近臣藤原成親《なりちか》、源頼政《よりまさ》、光保《みつやす》、光基《みつもと》（光保の甥）、佐渡式部大輔重成《しきぶだいすけしげなり》（重実の子）、周防判官秀実《すおうはんがんひでざね》らの源氏の武士が加わった。

一一五九（平治元）年一二月、清盛が熊野詣に出発した留守にクーデターは決行され、九日の夜半には信頼は通憲と子息たちを逮捕するために義朝を大将として院御所三条殿を襲撃し放火させたものの、めざす通憲は襲撃前に奈良方面に逃れ三条殿にいた子息俊憲・貞憲も巧みに脱出して逃れた。

このクーデターの情報は事前に通憲に漏れていたようで、驚いた後白河上皇は御所を脱出したが信頼は光基・秀実に命じて院を保護し、内裏東側の一本御所に軟禁した。信頼・義朝らは内裏に入り二条天皇を擁して朝家（朝廷）を掌握し、翌日には前関白忠通・関白基実《もとざね》以下の公卿《くぎょう》を召集し、通憲の子息らの解任を決め、十四日には除目《じもく》（有力官吏の任命式）を行い、信頼自からは念願の大臣・大将に就任し、義朝には従四位下播磨守、佐渡式部大輔重成には信濃守《しなののかみ》、多田蔵人《くろうど》大夫源頼兼《よりかね》は摂津守《せっつのかみ》、源兼経《かねつね》は左衛門尉《さえもんのじょう》、康忠《やすただ》は右衛門尉《うえもんのじょう》、足立四郎遠元《とうもと》は右馬允《うまのじょう》、鎌田次郎正《まさ》清《きよ》は兵衛尉《ひょうえのじょう》、義朝の三男頼朝は右兵衛佐《うひょうのすけ》、頼政は伊豆守《いずのかみ》などに任命されている。

ところで脱出に成功したものの当代の実力者通憲は前途を失望してか自害し、検非違使《けびいし》源光保が討ち取った首は西獄門前の樹にさらされたという。

このように表面的には通憲打倒をかかげた信頼の勝利に帰したかにみえ、通憲にかわった信頼が朝家の実権を掌握し、義朝がこの政権を軍事的に支えることになったのだが、突然の信頼のクーデターに対しては公卿や官人（役人）たちは狼狽はしたものの積極的に支持する動きは少なく冷淡でさえあった。

清盛軍の反撃

都を留守にして熊野参詣に向かっていた清盛は紀伊の田辺あたりでクーデターが起きたことを知り、急ぎ引き返して十七日には六波羅《ろくはら》の館にもどった。事件を知った伊勢・伊賀の国の平氏の武士たちも続々と六波羅に結集した。

他方の義朝側は東国の武士たちを召集していなかったこともあって、軍事的には劣勢で六波羅を攻撃することができなかった。もっとも、院や天皇は信頼の掌握下にあったから検非違使庁の武士たちの動静がどちらに動くか見極める必要から両者はしばらく、対峙《たいじ》するかたちになった。

十五日の夜、かねてからの清盛の天皇などの救出策が功を奏して院は脱出に成功し、六波羅館に逃げ込むことができた。後白河上皇は供奉《ぐぶ》する公卿や侍臣、さらには護衛の兵士のないままに馬に乗って仁和寺に脱出している。「朝敵」になりたくない前関白忠通以下の公卿・殿上人たちは清盛の呼びかけに応じて六波羅館に参入したという。

このような天皇をはじめとする院や公卿殿上人の脱出劇について後に中納言師仲《もろなか》が語ったとこ

桓武平氏略系図

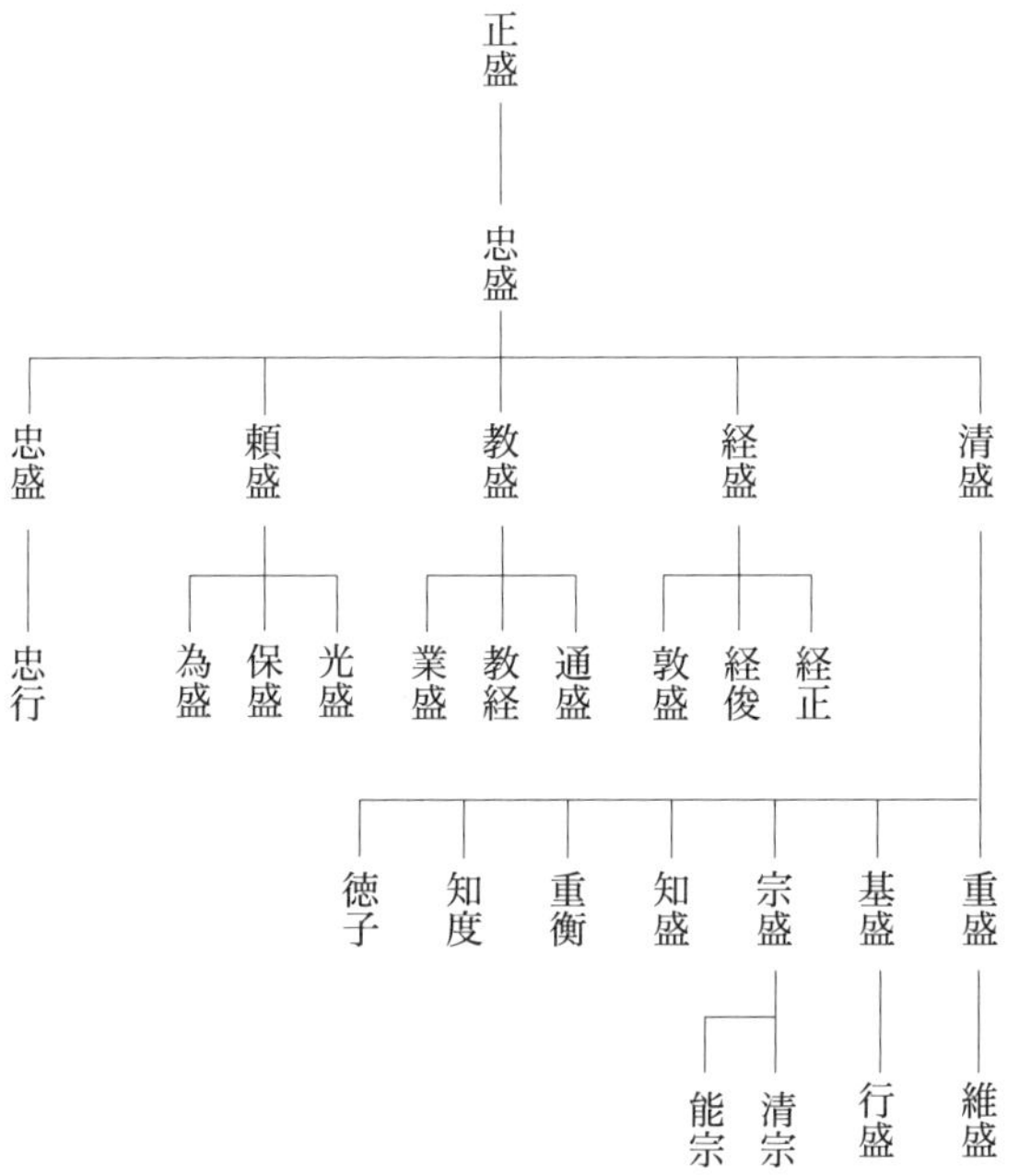

ろによると「義朝ハ、其時、信頼ヲ日本第一ノ不覚人」（「愚管抄」）と述べて嘆いたという。この義朝の慨嘆は自分にふりかかってくるものであって、そうした人物と手を組んだ不明をこそ恥ずべきであろう。

　こうして今度は六波羅からは信頼・義朝に追討宣旨《せんじ》が出される身となり、かわって「官軍」となった平氏軍をいったんは撃退したものの、味方のはずの源頼政の離反などもあり敗走することになった。信頼は仁和寺の覚性法親王を頼ったが平氏に引き渡されて六条河原で斬首された。

　義朝は東国に逃れる途中、尾

平清盛

張国で長田忠致《おさだただむね》のもとまで落ちのびたが忠致に謀殺され、翌年の正月、獄門で梟首《きょうしゅ》された。長男義平《よしひら》も捕えられ斬首された。三男頼朝はよく知られているように清盛の継母池禅尼《けいぼいけのぜんに》の助命嘆願によって斬首は免れて伊豆の「蛭《ひる》ヶ小島《こじま》」に流罪となった。

義朝の側室《そくしつ》常盤御前《ときわごぜん》はいったんは逃れたが母が捕えられたため上京し、三人の子供とともに捕えられた。その時の乳飲み子牛若《うしわか》がのちの義経である。

こうして清和源氏の嫡流で武家の棟梁たる源氏はいったんは滅びることになったのである。ところで頼朝の助命のいきさつについては慈円は「コノ頼盛ガ母ト云人修理権大夫宗兼ガムスメ也、（中略）カヤウノ者ニテコノ頼朝ハアサマシクヲサナクテイトヲシキ気シタル者ニテ有ケルヲ、アレガ頸ヲバイカガハ切ランズル、我ニユルサセ給ヘトナクナク乞ウケテ、伊豆ヘハ流刑ニ行ヒテケル也」（「愚管抄」傍点著者）とあるが、これは二十年後の頼朝が挙兵した時の記述で当時は予想もできなかったためその不思議さに驚いている。

さて、その慈円はさきにふれたように保元の乱以降を「武者の世」といい、死刑（梟首）が復活したといっているがこれ以降の頼朝の死までの四十年程は平和の時期をはさみながらも、「戦争」（当時は「合戦」といった）がひき続き生起した時代でもあったのである。この間多くの人が死んだことは勿論、戦争の被害は相当なもので飢餓や兵糧米の負担（武士たちの食糧など）、災害などとあいまって人民は塗炭《とたん》の苦しみを味わうことになったのである。

十八頁の図は清和源氏の略系図であるが勝利者頼朝とその父義朝の兄弟たちで命を全うした人はほとんど数人にすぎない。頼朝は自らを「武器の家」をうけ継いだ身といっているが、これ程、血に染まった家系はめったにないであろう。勝利者である頼朝は生き残ることができたがその死因については種々の疑いがもたれている。二代将軍頼家《よりいえ》は北条氏によって殺されたし、弟の実朝《さねとも》は頼家の子公暁《くぎょう》によって鶴岡八幡宮の社前で殺されている。公暁もただちに殺され頼朝直系の子孫は断絶し、将軍は摂関家によって引き継がれることになったのである。

なお、この実朝暗殺の黒幕は北条義時《よしとき》とみるのが通説だが三浦義村《よしむら》とみる説もある。いずれにしても「武者の世」「合戦」（戦争）とはそういう過酷な面があり、やむを得ないものとみることでいいのだろうか。鎌倉時代は平安時代より新仏教が発展した時代である。清和源氏でも末弟などは僧となったものがいるが、これも隠遁を含めて時代の反映とみてよいだろう。

最後に本書の主人公である頼朝と義経の家系、清和源氏のそれを示すことにしよう。保元の乱以降のこの氏の勝利者たる頼朝にしても前述のように血に染まった上に築かれており、その子息たちの代でこの家系の直系は断絶しているのである。

清和源氏略系図

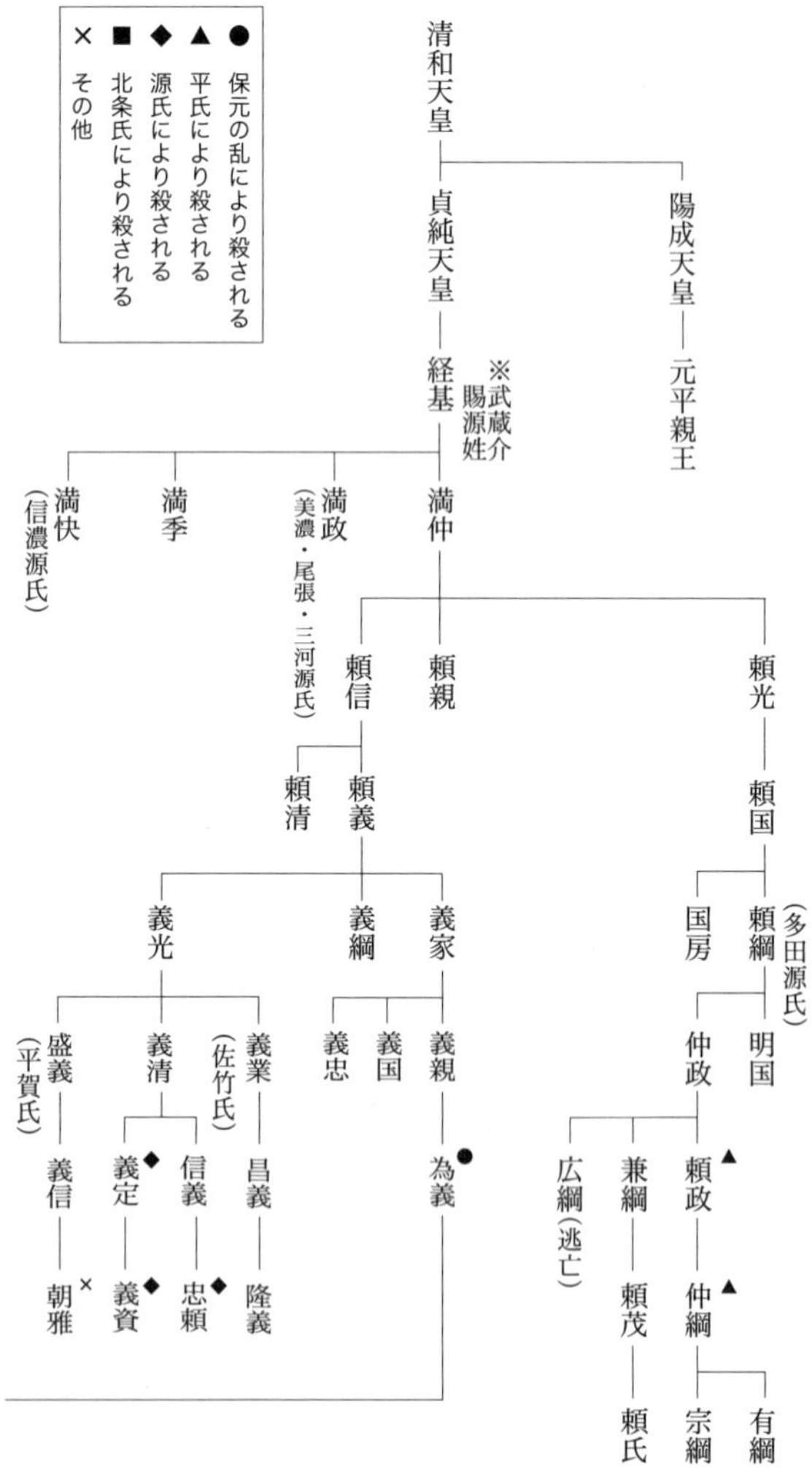

清和天皇
陽成天皇
元平親王
貞純天皇
経基
※武蔵介 賜源姓
満仲
満政（美濃・尾張・三河源氏）
満季
満快（信濃源氏）
頼光
頼国
頼綱（多田源氏）
国房
明国
仲政
頼政▲
仲綱▲
有綱
宗綱
兼綱
頼茂
頼氏
広綱（逃亡）
頼親
頼信
頼義
頼清
義家
義綱
義光
義親
為義●
義国
義忠
義業（佐竹氏）
昌義
隆義
義清
信義
忠頼◆
義定◆
義資◆
盛義（平賀氏）
義信
朝雅×
●保元の乱により殺される
▲平氏により殺される
◆源氏により殺される
■北条氏により殺される
×その他

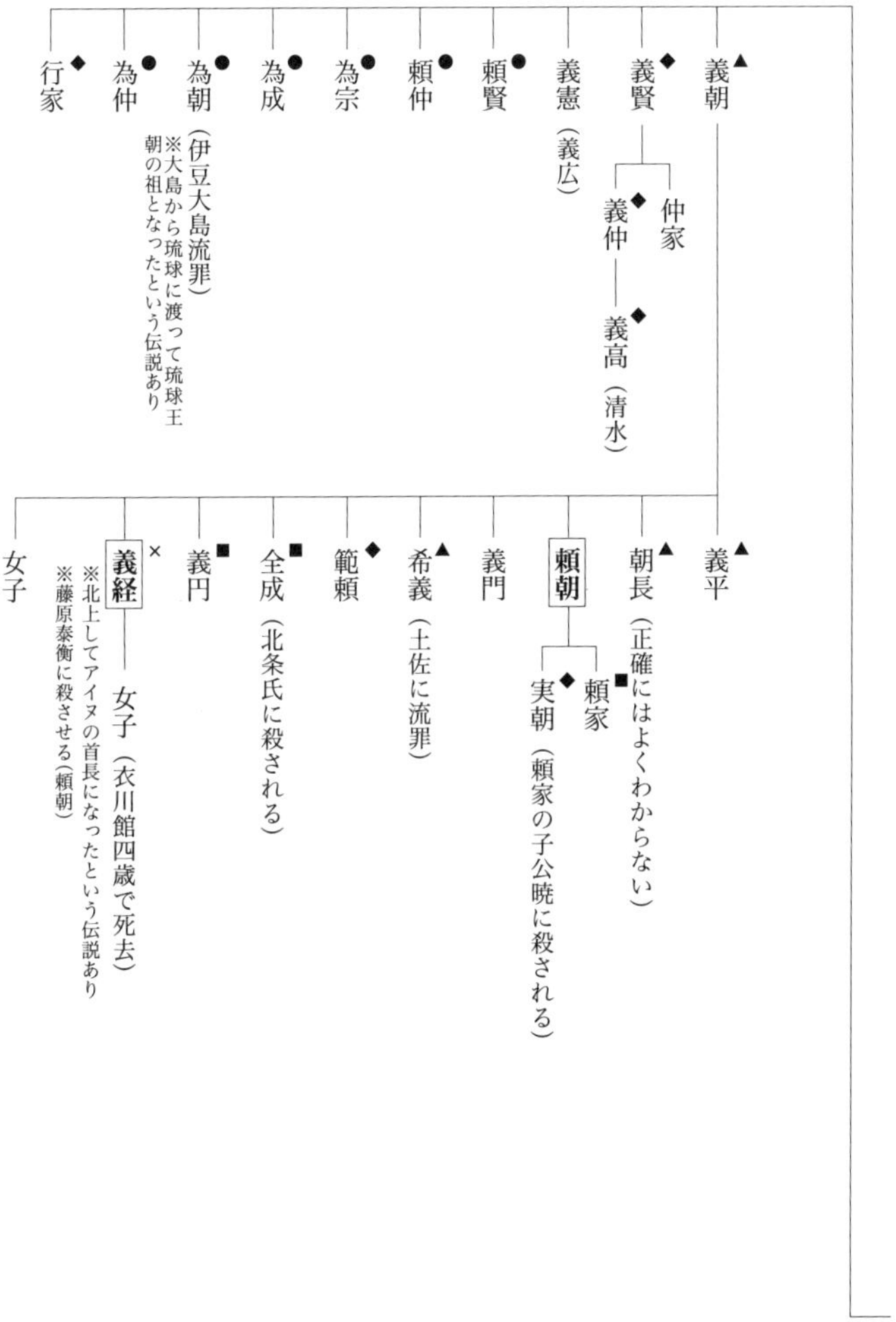
義朝▲
義賢◆
仲家
義仲◆
義高◆（清水）
義憲（義広）
頼賢●
頼仲●
為宗●
為成●
為朝●（伊豆大島流罪）
※大島から琉球に渡って琉球王朝の祖となったという伝説あり
為仲●
行家◆
義平▲
朝長▲（正確にはよくわからない）
頼朝
頼家■
実朝◆（頼家の子公暁に殺される）
義門
希義▲（土佐に流罪）
範頼◆
全成■（北条氏に殺される）
義円■
義経×
女子（衣川館四歳で死去）
※北上してアイヌの首長になったという伝説あり
※藤原泰衡に殺させる（頼朝）
女子

第一章　青年期の頼朝

父義朝

　源頼朝をとりあげる前に改めて頼朝や義経の父について検討してみよう。義朝《よしとも》は頼義《よりよし》、義家《よしいえ》以来の歴戦を勝ち抜いた清和源氏《せいわげんじ》の嫡流で相模国《さがみのくに》鎌倉の地（現在の神奈川県）を根拠地として同国の神宮領の大庭御厨《おおばのみくりや》や下総国《しもふさのくに》の相馬御厨《そうまのみくりや》を侵すなどして大庭氏や相馬御厨の荘官であった千葉氏などを家人として組織することに成功した。

　このようにして組織化した東国地方の武士団を長男義平《よしひら》に任せて自らは上洛して一一五三（仁治三）年には従五位下の位階を得て下野守《しもつけのかみ》（下野国の長官）に任命されている。これは父為義《ためよし》の兵衛尉《ひょうえのじょう》の官位を越えている。中央政界に武将としての地歩を築いた義朝は保元《ほうげん》の乱では平清盛などとともに勝利し、平治《へいじ》の乱では敗北した。彼の首は京に送られて東の獄門の「アテノ木」にかけられたが、その首のかたわらには歌が書きつけられていたという。乱以前の下野守にちなんでその歌は左記のようなものであったという。

下ヅケハ木ノ上ニコソナリニケレヨシトモミヘヌカケヅカサ哉《かな》

義朝の子供たち

ところで義朝の死後、長男義平（義朝の長男）は平清盛の殺害を意図して入京したが捕えられて斬首されている。次男朝長《ともなが》は戦いで傷を負い美濃国《みののくに》青葉で自害したとも父に刺殺されたとも伝えられている。三男の頼朝は熱田《あつた》大宮司藤原季範《すえのり》の娘を母に持ち、平治の乱の直前に従五位下右兵衛佐《ひょうのすけ》に任じられた。それ以前の保元の乱では参戦はしなかったが、乱後の一一五八（保元三）年二月には十二歳で官職を得てその官職は皇后宮権少進《こうごうぐうのごんのしょうじん》であった。

平治の乱で父義朝は後白河院の院別当を務めたことのある藤原信頼《のぶより》に接近していたから烏帽子《えぼし》親《おや》になってもらい「頼」の一字をもらい父の一字「朝」をとって「頼朝」と名乗ったといわれている。頼朝はこの平治の乱には出陣し、すでに述べたように従五位下右兵衛佐《う》に任じられたが、敗北し平頼盛《よりもり》の母池禅尼《いけのぜんに》の助命の願いが功を奏し解官となったものの命は助かり伊豆に流罪となった。

父義朝にはこの他に常盤御前《ときわごぜん》との間に今若《いまわか》、乙若《おとわか》、牛若《うしわか》という三人の子供があった。清盛は常盤の願いを認めてそれぞれ寺に預けることになった。八歳の今若は醍醐寺に入り名を全成《ぜんじょう》と改めたがその性格は剛毅で醍醐悪禅師と呼ばれたという。一一八〇（治承四）年八月、兄頼朝の挙兵に応じ、弟義円とともに従った。その後は遠江国《とおとうみのくに》阿野荘に住み阿野冠者と称した。一二〇三（建仁三）年、二代将軍頼家《よりいえ》の時代に謀叛の容疑で御所中に召し籠られ、その後宇都宮四郎兵衛尉に預けられたあと常陸《ひたち》に配流ののち殺されたという。最後に二歳の牛若は母常盤とともに捕えられたが死を免れ鞍馬寺《くらまでら》にあづけられた。この人物がいうまでもなく義経である。

流刑地伊豆での生活

頼朝が平治の乱後の処分で都を出立したのは三月初旬で流刑地の伊豆に到着したのはもう初夏で、その地は「蛭《ひる》ヶ小島《こじま》」といわれたが、狩野川《かのがわ》の流れによってつくり出された中州の地で低湿地のため蛭が多く生息していたことからこの名で呼ばれるようになったという。

頼朝はこの地で平氏打倒に立ちあがるまでの二十年という長期にわたる時を過ごすことになるのだが、その間、どんな生活を送ったのであろうか。

当時の流人《るにん》は伊豆国の国庁の役人がその職務上一応の監視役を務めたのであるが、獄舎での生活と違い、またかの近代ロシアのシベリアの流刑地での生活（自然条件を除けば囚人達は比較的自由）のように比較的自由に日々を送ることが頼朝には許されていたようである。

もっとも、配所での頼朝の生活の中心は写経や読経《どきょう》にあけくれていたようである。いつの頃からかは不明であるがその母が頼朝の乳母《うば》の妹であった関係から中央政府の下級官吏（「文士」）である三善康信《みよしやすのぶ》が都の様子を頼朝の許に伝えてきていたのである。この康信は中宮大夫属《ちゅうぐうのたいふのさかん》となっていたから、かの清盛の娘徳子《とくこ》（建礼門院《けんれいもんいん》）の役所に仕えている身であるため、平氏の情報などは比較的容易に入手できたのではないだろうか。

また比企尼《ひきのあま》は源義朝に従って上洛して頼朝の乳母となった関係から、頼朝が流罪になると夫とともに武蔵国比企《ひき》郡に移り、頼朝に何くれとなく援助の手をさしのべたという。頼朝はのちにこれに答えて鎌倉の地に比企谷殿という住居を与えている。

なお、早くから頼朝の側近として仕えていた武士の一人に安達藤九郎盛長《あだちとうくろうもりなが》がいるが、彼は比企の尼の長女と結ばれその婿となっていたし、次女は河越重頼《かわごえしげより》の妻となりのちに源義経の室などを生んでいる。三女は伊豆の武士伊東祐清《いとうすけきよ》に嫁がせていた。

ところで頼朝は写経や読経の生活にあけくれていたと述べたが、走湯山伊豆権現《ごんげん》をあつく信仰したようで、そこの僧である文陽房覚淵《もんようぼうかくえん》に師事したというし、箱根権現の別当行実、永実兄弟とも深い交流がみられたのである。

頼朝の結婚

こうした「流人生活」を送って青年期に達した頼朝は東海岸の伊東の地に館をかまえ平氏に属して勢力を誇っていた伊東祐親《いとうすけちか》の娘と結ばれて千鶴《せんつる》という男子を儲けている。

この祐親の子息祐清はあの比企の尼の婿であり頼朝とは乳人《めのと》兄弟にあたり、また娘の一人は相模国の有力武士である三浦義明《よしあき》の子義連《よしつら》に嫁している。もう一人は相模の西部の箱根権現の北に勢力を拡張していた土肥実平《どひさねひら》の子遠平《とおひら》に嫁していた。頼朝が子まで儲けた最初の女性はその妹であった。

こうした人脈にあったものの父である伊東祐親は頼朝の監視役の一人でもあったが、当時は自分の所領の本所にあたる中央権門の警固などの番役を務めるため都に滞在していたので、頼朝のもとに通っていて子供まで生まれていたことには気づかなかったのである。番役を務め終わって伊豆に帰ってそうした事情を知った祐親は怒って千鶴を滝に捨てさせ、娘は江馬小四郎に嫁がせ、頼朝を殺そうと計ったが頼朝は走湯山の権現に逃れて一命をとりとめたという。

走湯山は箱根の地でここに集まる修験者や僧兵たちの力もかなり強力で頼朝が師事していた文陽房覚淵なども常住していて、その地がいわば「聖地」であったことなどが頼朝を救うことになったのであろう。

いずれにしても、この頃の東国の武士の世界では親権の強さは強力で祐親の娘はそれに抗すべき方法がなかったのであろう。

政子との出会い

祐親の追求をのがれた頼朝が次に結ばれることになったのは北条政子《ほうじょうまさこ》であった。政子の父北条時政《ときまさ》は伊豆国北条の有力者で同国の在庁官人（地方有力役人）であったから職務上からも頼朝を監視する立場にあったかあるいは何らかの関係をもつ位置にあったのであろうから、頼朝も娘の政子を知る機会があって、いつしか結ばれることになったのであろう。この時もまた伊東祐親同様時政も上京中で、任務をおえて帰国してその事実を知った時政は政子を頼朝から引き離したという。

もっとも、後年、政子は義経の側室《そくしつ》静が鶴岡八幡宮の社前で義経を慕って歌舞を演じたさい、頼朝に殺されようとした静の心中を察して自分たちのことを語った言葉が「吾妻鏡」にのっている。その大要は、あなた（頼朝のこと）が流人で伊豆にいた頃、「芳契の間柄」（婚約同志）であったのを父は平家全盛の時代を恐れて密かに私を屋敷に押し込めた。それでもなお、愛を貫こうとして、暗夜に迷いながらはげしく降りしきる豪雨の中をあなたの許にたどりついたし、また石橋山の合戦では、ひとり伊豆山に残り、あなたの安否も知らずに案じたと述べ、その時の心配を思い出せば、今の静の心境と同じで、もしも、彼女が義経との多年の好みを忘れて恋慕の情がないのであれば「貞女」とはいえないと自らの体験と重ね合わせて静を擁護している。

ところで前半で彼女がいっている父のことは祐親同様に平氏の天下をおもん計ってこの結婚には反対であったことが解る。もっとも、時政はこの時期でも結構上京していたようで、洛中の様子も見聞できたはずであるし、伊豆国の役人でもあったから平氏も全盛時のかげりを感知して娘が源氏と結ばれることに恐れなくなっていたのではなかろうか。その上に二人の情熱にはほだされてか、結局は伊東祐親と違って時政は許し、二人は結婚することができたのである。時に頼朝三十一歳、政子二十一歳で、二人は北条の地に館をかまえ、やがて長女大姫《おおひめ》を儲けている。

なお、伊東祐親についていえば、後年、頼朝軍に敗れて祐親は捕えられ三浦氏に預けられた。頼朝としては我が子の出生を機に赦免することにしたが祐親は恥じて自殺をとげている。

政子の父時政とは

ここで政子の父時政について検討することにしよう。

頼朝は流人《るにん》の身ながら、北条時政の娘婿として清和源氏の嫡流をうけ継いで東国に根付いた生活を送るようになったのである。

当時の東国地方には古くから親王任国《しんのうにんこく》（上野《こうずけ》・上総《かずさ》・常陸）という制度が存在していて、先祖は皇親の出身でやがて都より親王任国などの任地に赴き国の守《かみ》（長官）や介《すけ》（次官）となって任務につきそのまま土着して勢力を扶植し、その地方の有力武士の娘をめとるといった例がみられるようになった。

北条氏略系図

桓武天皇――葛原親王――高見王――高望王――国香――貞盛（平）――維時（北条）――直方

――聖範――時直――時家――時方――時政――政子

　　　　　　　　　　　　　　　　　　　――義時――泰時

　　　　　　　　　　　　　　　　　　　――時房

彼らの先祖は遠く平安時代の天皇家の親王が臣籍に降下したもので天皇家につながる皇親であ

るという血筋を誇りとしたし、他方でこうした名家とのつながりをもつことのできる地方武士からすると貴種の血統を引くことになり、前者の貴種の家＝清和源氏でいえば彼等の先祖基経《もとつね》は源の姓を天皇から賜って臣籍に降下したいわば貴種であり名家であって、こうした貴種とのつながりを求めたのであった。

ところで政子の父時政について少し検討してみよう。政子の父時政はあの坂東平氏の祖高望王《たかもちおう》の流れをくみ平国香《くにか》の子で「承平天慶《じょうへいてんぎょう》の乱」で将門《まさかど》を滅ぼした一人である平貞盛《さだもり》から数えて七代目にあたるという。

右の系図は一般にいわれている北条氏の系図である。北条氏は桓武平氏《かんむへいし》貞盛の子維時《これとき》の流れといわれているものの、時政以前はあまりはっきりしない。ただ、維時の時から北条氏と称していたようで、子の直方が上野介、さらに孫にあたる時家が伊豆介となって北条の地を本拠としたようであるから少なくとも時家《ときいえ》（時政の祖父にあたる）あたりから伊豆国の在庁官人（地方有力役人）としてこの地に一定の勢力を築いたものと思われる。

保元・平治の乱以降発展の一途をたどった平清盛と、同じ平氏方である北条時政とはどういう関係にあったのだろうか。両者は特別にあるいは直接的な関係はなかったのである。そうだからといって三浦氏などが坂東の有力な平氏でありながら義朝に従って保元の乱に従軍したようなこととは異なって、源氏との結びつきはほとんどなかったとみられる。

さて、一一七九（治承三）年の平氏のクーデターで平清盛は表面的にはほぼ権力を掌中に収めた感があったが、その内実は武家内部ではその通りであったが「院」をはじめとする「朝家」の公卿《くぎょう》侍臣や寺院勢力との間では対立矛盾が激化していて、その前途はそう楽観できるものではなかった。さきにいったように北条時政などはそうした見通しを上京中に確認しうる位置にあったといえるのである。少なくとも冷静な眼をもっておればいずれはと感ずることはできたのではなかろうか。実際、頼朝が挙兵する以前でも都の「役人」をやめて関東あたりに住みはじめた「文士」たちが少なからずいるのである。こうしたことからも政子の親である時政も二人の結婚を無下に否定せずに認めるようになったのであろう。いうまでもなく二人の愛情、とくに政子のそれは勿論評価されねばならない。

頼朝の従者たち

ところで流人として二十年間も過ごした頼朝としても、この間、手足となって仕える武士もだんだんふえて館を訪れるようになったし、時政の婿となってからはいちだんと安定さを増すことになったのである。

こうして安達藤九郎盛長のほかに、小中太光家《こちゅうたみついえ》、工藤茂光《くどうしげみつ》、土肥実平、岡崎義実《おかざきよしざね》、宇佐美助茂《すけもち》、天野遠景《とうかげ》、佐々木盛綱《もりつな》、加藤景廉《かげかど》などは当時「経廻之士」といわれた人々であったから、頼朝の館に出入りする側近たちだったのである。かれら関東武士たちは父祖以来の主従関係にあった者たちで、頼朝は彼等と接触するなかでかつての関係を復活させるなどしてその支持によって源家の再興を計ろうとする構想も芽生えることになったのではなかろうか。

そのほかのことではかの高雄僧文覚《もんがく》上人が頼朝に叛逆をすすめたという説がある。文覚は神護《じんご》寺《じ》造営問題で後白河院庁に押しかけ院の怒りをかい、一一七三（承安三）年に伊豆に流され一一七八（治承二）年に許され京都にもどるまで五年間は伊豆にいたのであるから頼朝と接触し、少なくともそれ以前の都の状況などについては聞くことができたはずである。

最後に頼朝の伊豆配流の二十年間について幕府の記録『吾妻鏡』は簡単にかつ感慨深げに「武衛（頼朝）、前右衛門督《さきのうえもんのかみ》信頼の縁坐として、去る永暦元年（一一六〇年）三月十一日。当国（伊豆国）に配せらるるの後、歎きて二十年の春秋を送り、愁へて四八餘の星霜を積む」と記している。

第二章　源氏の決起

源頼政の挙兵

一一八〇（治承四）年の四月中旬、高倉上皇が厳島《いつくしま》の参詣を終えて洛中にもどったその日に、かの源氏の生き残り組で在京していた三位の源頼政《よりまさ》が子息仲綱《なかつな》を率いて、以仁王《もちひとおう》の三条高倉御所に参上して平氏打倒のため挙兵するようすすめたという。他方で安徳天皇が三歳で即位したのはこの年の四月二十二日であった。

こうした源氏の動きに呼応したかたちで五月初旬には後白河法皇は鳥羽より京中をめざしてお供の車二両と武士三百騎ほどに前後左右を守らせて上洛にふみきっている。五月十七日には園城寺の座主《ざす》円恵法親王から以仁王は園城寺《おんじょうじ》の平等院におられるので京を出るべきであると沙汰したとの連絡が平家方に伝えられたという。そこで平時忠《ときただ》らは以仁王を受け取りに使者を派遣したところ園城寺の衆徒たちは以仁王を奉じて決起することを決め、平氏に通じている座主の房などを破壊して気勢をあげたという。

こうしたなかで諸国に散在する源氏の一族や末胤などは以仁王の「方人《かたうど》」（味方）になろうとし、近江《おうみ》国の「武勇の輩」などもこれに同調し呼応する動きがみられたという。十一日になって園城寺を攻めるよう平氏傘下の武士たちに命令が出され、平宗盛《むねもり》以下十人が大将に任じられたが、この時期ではその中に源頼政も含まれていたという。

しかしながらその翌日の夜半になって源頼政は子息らとともに園城寺（三井寺）に参籠していた以仁王の陣営に加わったという。またこの日には延暦寺《えんりゃくじ》の大衆が与力（参加）し他方南都の奈良の衆徒大衆《しゅとたいしゅう》も蜂起して上洛しようとしているという。こうした動きによって前将軍宗盛らの洛中の武士たちはすっかり震えあがり京中の資財を運び出したり女性や子供たちを避難させはじめたという。翌日には官吏らの間では平民は天皇・法皇以下洛中の諸人をひきつれて福原《ふくはら》に移る噂《うわさ》が広まっているという。

こうしたなかで平氏側は盟友である延暦寺を説得し、園城寺を攻めるのを承諾させたという。園城寺に立てこもった以仁王は後白河法皇の第二子で邸が三条高倉にあったので三条宮などといわれた。

宮は平氏の圧力によって親王宣下《しんのうせんげ》（これがないと皇族にはなれない）を行うこともできず、皇位を望みながらも不遇の生活を送っていた人であった。例の平氏のクーデターで多年にわたって知行してきた常楽寺領を奪われその翌年になって源頼政のすすめで平氏追伐に立ちあがり、最勝親王と称して各地の源氏に令旨《りょうじ》を届けさせたが事前に発覚し、予想よりも早く平氏軍の攻撃を受けたため、畿内近国の源氏を糾合する暇もなく夜陰に乗じて園城寺を脱出して大和（奈良）に向った。だが平氏軍と昼頃には宇治平等院をはさんで合戦となり頼政及び仲綱らは敗れて討死している。平等院の殿上や廊内に三人の遺体が見つかり、その内の一人は以仁王ではないかということであったというが、以仁王の最後については生存説が当時でもいわれた。

慈円《じえん》は愚管抄《ぐかんしょう》でそうした見方を以下のように否定している。

「二十五日ニ平家ヲシカケテ攻寄テ戦ヒケレバ、宮ノ御方ニハタダ頼政勢誠ニスクナシ、大勢ニテ馬イカダニテ宇治川ワタシテケレバ、何ワザカハセン、ヤガテ仲綱ハ平等院ノ殿上ノ廊ニ入テ自害シテケリ、ニエ殿ノ池ヲスグル程ニテ、追ツキテ宮ヲバ打トリマイラセテケリ。頼政モウタレヌ。宮ノ御事ハタシカナラズトテ御首ヲ万人ニ見セケル。御学問ノ御師ニテ宗業アルケレバ、召シテ見セラレナドシテ一定ナリケレバ、サテアリケル程ニ宮ハイマデヲハシマスナド云事云ヒ出シテ不可思議ノ事ドモ、有ケレド、信ジタル人ノヲコニテヤミニキ（「愚管抄」傍点著者）とある。

だが、東国などではしばしば以仁王の生存説が語られている。

五月十四日に頼政などの追討に対し恩賞が出ているが平清宗は父宗盛追討賞の従四位上より二段階あがって従三位に昇進している。その他では従五位下藤景高、従五位下同忠綱《ただつな》も追討賞を得ている。

福原遷都

五月下旬の頃になって、前権中納言源雅頼《まさより》は右大臣兼実《かねざね》に「世上の事」を語った折りに「官兵」が洛中の諸人を引率し、さらに幼い安徳天皇や新院（高倉上皇）をともなって清盛は「福原」に下向するとの噂を聞いたと伝えている。このことは、南北の衆徒の動きや以仁王らの挙兵により都での危機を感じとっていたのであろう。

この噂は現実のものとなって六月三日が急に二日になり右大臣（兼実）自身だけでなく公卿殿《くぎょう》上人も洛中にとどまることは大変なことになったといい、清盛のもとに使者を遣わし、自分も参るべきか否かを問い合わせている。それに対する返答はいまのところ先方には適当な寄宿場所がないから追って案内があるまで待機するようにとのことであった。

実際、このところの清盛は「福原」の別荘で過ごすことが多くて前年の治承三年のクーデター直後にも「遷都《せんと》」の意志があったことは確かで、この時の理由ではクーデタ直後に以仁王や源頼政が反平氏の立場にたって挙兵したこと、院近臣は勿論のこと、園城寺や興福寺などの衆徒大衆の反平氏の気運のたかまりとその軍事力も侮ることはできないことをあげ、平氏の思い通りには決してことが運ばなくなっていることをみてとったからであろうか。

ところで六月二日の福原遷幸の模様を見物したものが兼実に報告しているが、それによると当日は八条通りから草津にいたるまで数千騎が二列に轡《くつわ》を並べて道路をはさみ、先頭には清盛が屋形輿《こし》に乗って立ち、次に女車一両、次に女房輿二（二品及び摂政の室家）、次に主上（天皇）、供《ぐ》奉《ぶ》人としては左大将実定、別当時忠、宰相中将（実守・通親）等々が続き、最後尾は前大将平宗盛が手輿《こし》に乗ってつづいたという。

福原についた安徳天皇は福原の中納言頼盛《よりもり》の家に、高倉上皇は清盛の別荘に、後白河法皇は平《たいらの》宰相教盛《さいしょうのりもり》の家に、摂政基通は安楽寺別当安能の房に落着くことになったという。

それにしても「福原」は都としての整備はこれからで右大臣兼実をはじめとして洛中に残された公卿・殿上人たちはいたく心を悩まされたに違いない。兼実は親しい前大納言邦綱《さきのだいなごんくにつな》と連絡を取りながら福原行きを決心したところ一両日中には飛脚で返答しますからそれまで出立はお待ちくださいということであったという。まもなく兼実の許に邦綱の返事が届けられたがそれによると兼実の福原行きについては高倉上皇との打合せが必要であり上皇としても兼実の参住を希望しているという。だが依然として福原には宿所がないので当面は邦綱の寺江の別荘を使用されてはということであった。ただし、その場所から福原に行き夜は寺江に戻ることになり、それであればと清盛も了承したという。そのような経緯で兼実には是非下向されてはということであった。邦綱の返事を受け取った兼実はさっそく出発することになり、六月十四日には早くも邦綱の山荘につき、その日のうちに高倉上皇の御所（平頼盛卿の家）に参内したが、上皇は睡眠中とのことで見参することなく退出したという。兼実は福原に向う途中で福原の地が「左京」の条里不足以下三ヶ条について頭弁経房卿《とうべんつねふさきょう》に尋問されている。そこで経房を招いて答えたという。故実に通じているとはいえ、こうした問題を兼実に聞かねばならないことにも、この「遷都」が如何に無計画でかつ強引に行われたかが知られる。

ところで種々交渉の結果、福原入りを許された兼実ではあったが所労により洛中にもどりたいと院に申し出て許されている。これには所労の他に洛中に戻らなければならないある事情が生じていたのである。つまり、清盛は右大臣兼実の嫡男良通に例のクーデターの直後に、良通を従二位権中納言ならびに右大将に推挙して父兼実を驚かせたが、遷都問題が浮上した頃、再び良通の婚姻が問題となったのである。それは九日に花山院中納言兼雅《かざんいんちゅうなごんかねまさ》の女子（摂政基通が養子としていた）が初めて皇嘉門院《こうかもんいん》（藤原忠通《ただみち》の娘）に参内しているというのである。

これは清盛が兼実の子息良通に娶らせるためだったのである。というのは清盛はまず皇嘉門院に参内させ、そこで良通と密々に会わせるよう申し入れたのである。彼女は十二歳で母は清盛の娘で兼雅に嫁いでいるから清盛の外孫にあたるのである。兼実は両三年にわたってすすめられてきたこの婚姻をなんとか逃れ過そうとしてきたが、今回は突然に清盛より皇嘉門院に要請があって彼女としても預からざるを得なかったのである。かつてこの問題は清盛の子息宗盛が要請してきたもので、そのさいには兼実は自分には進退権はなく姉で故崇徳天皇の中宮で関白忠通の娘皇嘉門院聖子が持っているといって逃れてきたといういきさつがあったのである。今度はその点を巧妙について清盛は外孫を皇嘉門院にあずけるという方法をとったのである。恐らくは公卿のなかでも才能の誉れたかい兼実との接近をかねがね考えてこの挙にでたのであろう。

この結果、六月末に婚姻の儀を行ったがそれは「聟をとる礼」でもなく「婦を迎える儀」でもない本当に秘密のうちに行ったものだったという。これが右大臣兼実のぎりぎりの抵抗だったのであろう。くり返すことになるがこの女性は花山院中納言兼雅の娘であって母は清盛の娘で兼雅に嫁いでいたから清盛にとってみればこの女性は外孫ということになる。この一例でも清盛の婚姻政策の一端を知ることができるし、他の七人の娘たちも天皇をはじめ有力な人たちに嫁がせているのである。

福原移転後二ヶ月程たった八月末あたりでも、「福原」の都としての機能は発揮されずその二ヵ月後には「還都《かんと》」（都帰り）が問題となり、同月二十三日には福原を出発し、二十六日には洛中入りとなっている。こうして清盛の「福原遷都」は挫折するにいたったのである。以上が頼朝が伊豆に雌伏していた二十年間の「都」の状況であり、平氏のありさまの一端《いったん》である。

以仁王の令旨各地の源氏に

一一八〇（治承四）年四月、後白河法皇の第二皇子以仁王と源頼政はすでに述べたように平氏打倒に決起したが、この時、紀伊国にいた頼朝の叔父にあたる新宮十郎義盛《じんぐんじゅうろうよしもり》（のちに行家《ゆきいえ》と改名）は折りから在京していた関係から、この以仁王の令旨《りょうじ》（皇后・皇太子や皇族の命令を伝える文書）を受けとって源氏をはじめ各地の有力武士たちに挙兵するよう呼びかけた。四月の末には行家（義盛を改名）は北条館《ほうじょうのやかた》を訪れて以仁王の令旨を頼朝に渡している。

この呼びかけの文書には、天智天皇の子息である大友皇子に対して叔父である大海人《おおあま》皇子＝のちの天武天皇が叛旗をひるがえし勝利して天武天皇となったあの壬申《じんしん》の乱の故事を引いて、即刻に軍事行動をとるようにというものであった。もっとも、二ヶ月程たって以仁王・頼政の蜂起の失敗の報らせを聞いた頼朝はなお、しばらくは静観の構えをとっていた。

ところで頼政についてはその死顔は梟首《きょうしゅ》にされた三位の禅門頼政の顔とは違うとか以仁王につ

いては生存説が当時はしばらく流布されていたのである。

　六月の後半になって京都にいる頼朝の乳母《うば》の妹の子三善康信《みよしやすのぶ》の使者が北条館に参着し、五月二十六日に高倉宮（以仁王）が敗死したこと、以仁王の令旨を受けとった源氏の武士はみな追討すると平氏は命じているので、殿（頼朝）は源氏の嫡流をうけついでいる身であるから追討の危険があるので早く奥州方面に避難するよう伝えてきている。この康信はいつの頃からか頼朝との好《よしみ》により毎月三度程、都の様子を伝えてきたという。今度は重大な事態なので弟の康清を使者にさし向けて伝えてきたという。その康清は病気と称して出仕を止めてこの役目を果たし、三日程滞在したあと都にもどったという。

　こうした知らせなどを考慮してようやく頼朝としても決起しようとする意志が固まるのだが、他方で都の平氏の孤立化もすすみ挙兵もかならずしも無謀な企てではないといえるにしても、その前途は決して楽観視できるものではなかったのである。というのは頼朝の北条館のある伊豆国は源三位頼政らの挙兵の失敗後は知行国の国主は頼政から清盛の娘徳子《とくこ》の妹を妻としていた平時忠にかわり、目代《もくだい》（代官）には山木兼隆《やまぎかねたか》が務めることになって彼が伊豆国一国の支配権を掌握していたからであった。したがって都の指示があればいつでもあの頼朝を捕えることは可能となったのである。

　くり返すことになるが、この伊豆国は過去八年間にわたりあの源頼政が知行国主で子息の仲綱が伊豆守《いずのかみ》（伊豆国の長官）となっていたのが挙兵の失敗により平氏の有力政治家でもある平時忠にかわり、代官には山木兼隆が任命されたのである。八月ともなると五月の以仁王との合戦に活躍した桓武平氏《かんむへいし》で鎌倉権五郎景正《かまくらごんごろうかげまさ》の曽孫大庭景親《かっそんおおばかげちか》らが東国に逃れた頼政の子孫たちを追討するために帰国していたのである。それ以前の六月末日には日頃は内裏大番役を務めていたがようやく帰国を許された三浦義澄《よしずみ》や千葉胤頼《たねより》らも北条館を訪れて頼朝と密談している。そこでは頼朝は挙兵の意志を両人に伝えて協力を求めているし、七月初旬にはかねて親交のあった伊豆走湯山の僧文覚房覚淵を招いて決意を披瀝しているから蜂起は本物とみてよいであろう。

伊豆国の目代は山木兼隆であるといったが、彼は平氏一門の権威をふりかざして支配を強めることになった。しかし古くからの地方の有力者、地方役人（在庁官人）たちにとってはどちらかといえば役人の常として中立的であったから面白く思わなかったと推測される。伊豆国の在庁官人でもある頼朝の舅の北条時政《ときまさ》はこのような事態は熟知していたから公然と反対することはなかったであろう。頼朝の方はこうしたことは舅から聞いていたであろうから反平氏の武士たちの結集に務めたであろうし、日頃から頼朝の館に出入りしている伊豆や相模国《さがみのくに》の武士たち個々に対して反平氏の気運をたかめるよう働きかけ、彼等を倒したあとは自分が中心となってみんなの利益のためにつくすといった説得を行っていたはずである。しかも以仁王・頼政の打ち立てた新政権はなお健在で自分は（頼朝）東国地方の支配権を任されているのだとも説いていたようである。というのは都の右大臣《うだいじん》兼実などは十月になっても以仁王は生存していて、七月には伊豆国に到着し、いまでは甲斐国にあって頼政の子息仲綱などを従えてたたかっているという話を聞いている。兼実はこのような浮説・流言は清盛が福原遷都の失敗などで人望が相当落ちているからしばしば語られているので信じてはいないものの、以仁王生存説が都でも数えきれないほど語られているといっているのは注目される点である。

なお、以仁王生存説は兼実の弟慈円も愚管抄で確かに死亡しているのに「イマダヲハシマスナド云ヒ出シテ」不思議なことがあるものだといっている。後述する義経などについても、この種の伝説があるがこのようにこうした話は何も義経一人にかぎらないことは知っておく必要がある。

頼朝伊豆目代を襲う

清盛の権威をかりて伊豆地方の実力者である山木兼隆を頼朝はまず攻撃目標としたのである。そこで諸国を歩いていた「洛陽放遊客」で藤九郎盛長の推挙で頼朝に仕えることになった邦通を兼隆の館に首尾よく送り込み、居所とその附近一帯の詳細な地図を入取することに成功し、それに基づいて攻撃の作戦をたてることができた。

襲撃の日は八月十七日、伊豆の一宮である三島神社の大祭の夜とした。その日は兼隆の従者たちは祭りに出かけ警戒することもなく用心もしないだろうということで、頼朝のもとに出入りしていた昌長という神主たちに占いを立てさせたところ一致したためこの日の夜に決行することに定めた。当日は二日間つづいた豪雨あがりの快晴であった。月が西にかたむいた頃になっても山木の方角に約束の火の手（煙）が見えず、頼朝はたまらず宿直にとどめておいた加藤景廉《かげかど》ら三人の武士に手ずからの長刀を与えて兼隆の首を取り持参するように命じて山木館に直行させている。こうして北条館に残った者は頼朝ただ一人となった。結局、佐々木盛綱《もりつな》、加藤景廉らは命令に従って山木館に突入して兼隆の首をとることができた。頼朝が彼らをねぎらい兼隆主従の首を実検した時はすっかり夜明けとなっていた。

伊豆の目代兼隆にかわって政庁を掌握した頼朝は八月十九日にはさっそく兼隆の親戚史大夫知親《しだゆうともちか》の伊豆国の蒲屋御厨《がまやのみくりや》（伊勢神宮の庄園）における悪政をとめさせる旨の命令を出し、翌二十日には伊豆相模地方の武士たちを率いて行動を開始した。熱海・伊豆山をすぎ土肥実平《どひさねひら》の本領のある土肥郷に逗留した頼朝軍は海岸ぞいの道を進んで二十三日には相模の石橋山に陣を構えた。この間、かの以仁王の令旨を旗の上の横につけ、中四郎惟重がその御旗をもったという。頼朝にとってみればいわば挙兵の正当化のためには死去しているとはいえ、このように以仁王の令旨が必要だったのである。

石橋山の敗戦

だがこの初戦の勝利に酔うことは許されなかったのである。すでにこの時には相模住人大庭景親、俣野三郎景久《またのさぶろうかげひさ》、河村三郎義秀、渋谷庄司重国《しげくに》など相模武蔵の武士三千余騎が立ちふさがり後方の山には追走してきた伊豆のあの伊東祐親《いとうすけちか》の軍三百騎がひかえていたのである。こうして頼朝軍を包囲し、三浦軍がおりから降りつづいた大雨のために進行をはばまれているのを目撃して、彼らの救援隊がこないうちの二十三日には早くも攻撃を開始したのである。大庭軍の多勢に対し、頼朝軍も善戦はしたものの圧倒的な軍勢にはさみ打に会い総くずれとなった。

こうして頼朝軍は敗れてちりぢりになり山中に逃げ込んだ。翌日、周辺の山々には頼朝軍の残党のいわば掃討作戦が行われ、土肥実平とともに山中の洞窟にひそんでいた頼朝は捕われそうに

石橋山の合戦

なったが、一説には梶原景時が頼朝らのいたのを知りながら助けたという話はひろく世に知られている。その真偽の程はあきらかではない。
　さて石橋山の合戦で、頼朝としては二度目の戦場での戦いを経験することになったが、さきまわりしていえば、この後も奥州合戦などで戦場に赴いたことはあるが、概して前戦に立つことは少くその場合も戦場でたたかったとはいえない（参加なのである）。これは源氏の棟梁《とうりょう》であることが関係していて、側近で「文士」である中原広元《なかはらひろもと》や三善康信と同様合戦には参加せず前線に立つことはほとんどなかったのである。後述するように、その点では義経や範頼《のりより》とは対照的といってよいであろうし、この敗北は苦い経験であった。

頼朝安房に逃れる

　石橋山の一戦に敗れた頼朝は箱根山から南に山をくだって土肥実平に案内されて真鶴岬《まなづるみさき》から小舟で

安房《あわ》に逃れたのである。なお平氏側の軍勢によって本城の衣笠城《きぬがさ》を攻め落とされた三浦軍は八十九歳の老将三浦介義明《みうらのすけよしあき》を失っている。

なお頼朝などの蜂起について都の右大臣兼実はあたかも「承年天慶の乱」の「将門《まさかど》の如し」といっていることと、天下が静かでない動乱の出現を「治承三年十一月以後」、つまり一一七九（治承三）年の平氏のクーデター以後といっているのはこの時代をたんなる「源平の争い」とみていない点で注目される見解である。

各地の武士に結集を

安房国《あわのくに》平北郡の猟島というところに到着した頼朝は、さっそく幼少の頃より懇意にしていた安西景益《あんざいかげます》に書を送っている。つまり、以仁王の令旨を安易に扱うことなく安房国の在庁官人をあつめて参上することや安房国の国守（長官）や代官など「京下りの者」を悉く搦めて進上するように命じたという。見られるようにここでも以仁王の令旨をかりて政庁の役人に指令する根拠、正統化に使っている点が注目される。

この安西景益に対してはこの地域にも強い影響力をもった上総介広常《かずさのすけひろつね》の輩下の武士たちのなかには平氏に通ずるものがあるので、軽率な行動をとらないよう注意し、さらに頼朝は上総介広常には和田義盛、千葉介常胤《ちばのすけつねたね》のもとには安達盛長を遣わし、甲斐国の源氏である武田信義《たけだのぶよし》には北条時政を派遣して結集を呼びかけている。勿論、上野《こうずけ》、下野、下総、武蔵などの各地の有力武士にも広く呼びかけた。

安房に上陸してから半月程たって頼朝軍は、上総国《かずさのくに》、つづいて下総国《しもふさのくに》に進出した。千葉常胤は平氏方の下総国の目代（国司の代官）を襲って、彼等の館に放火し子息東六郎胤頼《あずまのろくろうたねより》たちは目代の首を獲《と》っている。さらに平忠盛の婿で下総国千田荘の領家判官代の親政は下総国の目代が追捕されたと聞いて常胤を攻撃しようとしたところ常胤の孫の小太郎成胤が親政を捕虜にしている。この月の十九日には常胤は一族三百騎を従えて国府に頼朝を迎え入れている。だが軍事情勢は頼朝にとって安心できる状態ではなかった。何故なら武蔵国には江戸氏、豊島氏、葛西氏などの平氏に与同する有力武士がいたし、期待していた上総介広常は兵力を集めるのに手間取っているなどの理由から参陣するかどうかはっきりしない状態だったのである。

関東武士のおかれている状況では平氏方に属している武士であっても現状には不満があり、現状を打破して自分たちの意向を結集し中心となる武士の棟梁を求める一方で、独立心も強くこれを一つにたばねることはそう簡単ではなかったのである。しかも、源氏一門であり常陸《ひたち》の佐竹一族、志田義広《しだよしひろ》、上野の新田義重《にったよししげ》などは独立心も強く源氏であるからといってそう簡単には頼朝の呼びかけに応じようとしなかったし、下野の藤原秀郷《ひでさと》流の足利俊綱《あしかがとしつな》のように公然と反旗をひるがえす動きをみせる者もあったのであった。

このような状況のもとで頼朝がとった手法としては以仁王の令旨に応じ、かつ自らは清和源氏《せいわげんじ》の嫡流をうけつぐ「貴種」であることを強調するとともに他方ではひたすら協力と同調を鄭重に求めることであった。頼朝が江戸の隅田河辺まで進出すると上総介広常もようやく参陣することになった。彼の率いる兵力は二万騎（誇張した数字でかつ雑兵を含んでいるものと思われる）といわれ頼朝軍の今後に欠かすことのできない存在となった。このとき広常は上総国の周東、周西、伊南、伊北、庁北など全域の兵たちを動員し、頼朝に示威行動を取りつつ、場合によっては敵対しようという考えをもって対面することになったという。ところが頼朝は毅然とした態度でその遅参をせめたため、その考えをひっこめて従うことになったという。勿論、この場合はまだまだ面従腹背《めんじゅうふくはい》の態度を秘めていたことはみておく必要があろう。

いずれにしても上総介広常軍の参陣により上総、下総、安房には頼朝に敵対する勢力はなくなり隅田河を渡り武蔵国に入ると大庭景親と結んで三浦氏を攻撃した畠山重忠《はたけやましげただ》や河越氏、江戸氏などの有力武士も次々と頼朝の軍に加わることとなった。こうして頼朝軍は早くも十月初めには相模国鎌倉に入ることができた。

頼朝の再起はなぜできた

石橋山の敗戦から数えてわずかに四十余日後の出来ごとであった。石橋山の合戦の敗北後このような短期間に再起ができたのは奇跡的なことといってよいし、頼朝を幸運な人ということもできよう。この問題は詳細に論ずることはできなかったが、再起が可能となった充分な理由を究明する必要がある。

その理由には兼実がいっているように直接的には一一七九（治承三）年の平氏のクーデターによって多くの公卿たちを解任したが、その社会的矛盾を解決することはできず、大部分の武士は年貢徴収人として年貢納入をせめたてられ、自分たちの利害を積極的に擁護してくれる指導者、あるいは武士たちの結集の中心に立つ平氏とは異なった棟梁の出現を求めていたことは確かである。その場合、かつて武家の中心として鎌倉に館をかまえ武士たちの擁護者として南関東に勢力を張っていた頼朝の父義朝の記憶が一部の武士であれ想起されたということは考えられることである。

実際、八十九歳で討ち死にした三浦介義明はその最後の言葉として「源家代々の家人として仕えてきた自分は、いまその『貴種』の再興の時節到来の時に、めぐりあうことができて誠に幸せだ」といって源氏に期待をにじませている。ここに端的に示されていることは「源家再興」に立ち会うことのできる感激である。勿論、今後の争乱を単なる平氏に対する源氏の「意趣返《いしゅがえ》し」とのみ見ることはできない。源頼政が以仁王に挙兵をすすめるにあたって諸国の源氏の人々の名をあげて彼等のおかれている状態について「国には国司に従ひ、庄には領所に召し使われ、公事雑事に駆り立てられ安い思ひも候はず」（「平家物語」巻四　源氏揃）といったというが、清盛をはじめとして一族中のひと握りの人々は高位高官を占めて満足していたであろうが多くの武士たちは右にみたように追い込まれていたし、支配下の農民にとっては戦災や飢饉も加わって塗炭の苦しみに喘いでいたのである。それ故に頼朝のような位置にある「貴種」を擁立してみずからの劣悪な位置にある武士たちは合戦による恩賞などで脱却を計ろうとしたのである。

ところでこの場合の「貴種」とは天皇家につながりのある家のことで清和源氏の流れをくむ源氏の棟梁頼朝はうってつけの存在だったのである。もう少しいうと武家の棟梁である源氏の先代義朝の遺子のなかで年長でしかも正室の子である頼朝にはその資格が充分そなわっていることになる。その上に諸国の武士たちに広く呼びかけを行うなかで、例の以仁王の令旨の存在は諸国の武士だけでなく地方の在庁官人や国庁の役人に対しても威力をもったのである。以仁王の「令旨」についてさらにつけ加えると、この年の五月に宇治平等院で敗死したはずの以仁王が実は生きていて東国に逃れ頼朝軍を鼓舞する役割を果たしていたということはすでに述べたところである。

平氏東征軍の敗北

さて、鎌倉入りした頼朝にとっては、この地こそ源氏代々の由緒《ゆいしょ》の地であり交通面でも軍事上でも重要な地域なのであった。さて、頼朝挙兵の報が都に伝えられたのは半月程経過した九月中頃で、平維盛《これもり》、忠度《ただのり》らが大将に任命され追討軍（官軍）として派遣が決定されたのは九月始めの五日であった。だがその準備はなかなか進まず、九月二十日になってやうやくあの福原を出発したものの、旧都となった平安京の出発日については日が悪いなどで日取りの決定をめぐって総大将維盛と参謀であった平忠清《ただきよ》と内輪もめがあったりして一週間もたってやっと決まるというものであった。

この間、各地で争乱が起こり例の兼実は日記に「乱世」と書く程であった。その維盛軍は出発してまもなく近江国で抵抗にあうなどしたあと、東海道を下ったものの頼朝の従兄弟にあたる木《き》曽義仲《そよしなか》が信濃国の木曽谷で挙兵し、この頃では信濃国全体を軍事的に支配下におさめ、さらに関東の上野国まで進出しているし、義仲と同じ源氏一族である武田信義、安田義定《よしさだ》に率いられた甲斐国の武士団は甲斐国は勿論、信濃の諏訪地方にまで進出した。しかも、たびたびいうことになるが、挙兵に失敗して死亡しているはずの以仁王などは東国に逃れて頼朝や甲斐の武田氏などに擁立されているなどの情報がみだれとんでいるのである。このため平氏側は諸国の軍兵たちの徴集もうまくいかず、その上にこの年の夏の日照りで西日本は凶作で、米の収穫がひどく悪く、兵糧の確保もままならなかったのである。

そうしたことから各地の武士たちは今度の関東追討軍の参加にあたっては消極的でかつ志気もあがらなかったのである。それでも駿河国に到着するまでにはとにかく兵士の数を増加させることができた。だが到着にかなりの時間がかかったため駿河国の目代（代官）は追討軍の来るのを待ちきれず三千余騎の軍勢を率いて甲斐源氏を討つべく出撃したところ、途中の富士山麓で合戦となり惨敗してしまった。

十月十八日の朝、東征軍は富士川の西岸に陣をしいたが、味方の見ている前でそのうちの数百騎が何故か投降したほか、その他にも戦う前に多数が逃亡してしまい、残った兵は半数位になってしまったという。駿河国の目代軍を破った甲斐源氏に、鎌倉の頼朝軍が駆けつけるとあっては、後方の退路を絶たれ全滅の危険があるという平忠清の見解により富士川の陣は撤収することになった。このとき富士沼に多数集っていた水鳥が一度に飛び立ち、その羽音に驚いて平氏軍はわれさきにと敗走することになったという。総大将の維盛はわずかに十騎の兵で旧都に逃げ帰ったが他の兵たちもバラバラになって潰走したため清盛の怒りをかった。

この富士川の一戦の殊勲者は頼朝軍としがちであるが、甲斐源氏の一軍がひそかに東征軍の後にまわって襲撃を加え平氏軍をあわてさせた陰の殊勲者だったのである。またそれ以前に甲斐武田軍は駿河目代と合戦し打ち破るという功績をあげているのである、こうしてみると富士川の合戦は単純に頼朝軍の勝利とするのは問題で、以仁王の挙兵に応じてほぼ同時期に木曽義仲や甲斐源氏も呼応して立ち上がり蜂起したのであった。したがって一一八〇（治承四）年の蜂起は各地にみられたものであり、あの源頼政が洛中で直接平氏とたたかって敗れたのに対して、頼朝、義仲、甲斐源氏は遠く離れた地域での蜂起であり、初戦の勝利に過ぎなかったのである。

富士川の一戦で一応の勝利をおさめた頼朝軍は、ただちに平氏軍を追走して平安京や平氏の拠点である「福原」を攻撃すべきか否かで意見が分かれた。千葉常胤、上総介広常、三浦介義澄など、挙兵以来の有力武将たちはすぐさま都に攻めのぼることには反対であった。というのは鎌倉に戻って東国の地域を確実に統治できるように務めるべきだというのである。実際、常陸国などでは佐竹隆義《さたけたかよし》の子息秀義《ひでよし》らは頼朝側に従っていないし、その他にもなお多くの平氏方の武士が存在しているというのである。つまり関東を征服してから関西へというものでこうした有力武将の意見をいれて頼朝はひとまず黄瀬河《きせがわ》の宿に移ったのであった。さてこの二十一日に頼朝は義経と感激的な対面を果たすことになったのである。

第三章　青年期の義経

年少期の義経

保元《ほうげん》の乱の後、左馬頭《さまのかみ》等に任じられた義経の父義朝《よしとも》は、近衛天皇の皇后藤原呈子に雑仕女《ぞうしめ》として仕えていた常盤御前《ときわごぜん》を側妻とし、常磐は今若《いまわか》、乙若《おとわか》、牛若《うしわか》を生んだ。義朝の長子より数えて九人目の子が牛若で、一一五九（平治元）年の平治《へいじ》の乱が起きた年に生まれ、父義朝が殺されたときは牛若丸と呼ばれ二歳の乳呑子《ちのみご》であった。母常盤は三人の子供をつれて大和国宇多《うだ》郡の竜門牧《りゅうもんのまき》の田舎にかくれたが母が平氏に捕えられていると聞き、やむなく六波羅《ろくはら》に自首し出頭したところ幸いにも許された。一説には平清盛の寵愛をうけて女子を生んだともいわれるが、その後は一条大蔵卿長成《いちじょうおおくらきょうながなり》に嫁すことになった。

ところで義朝と常盤との間に生まれた三人の子はそれぞれ仏門に入ることになり牛若丸も京都の鞍馬寺《くらまでら》に入り稚児《ちご》となった。十五歳を前にしてひそかに鞍馬寺を抜け出し各所を放浪して歩いた末に、陸奥国《むつのくに》の実力者藤原秀衡《ふじわらひでひら》をたよりそこに落着くことになった。ところで鞍馬寺から陸奥国にどういう経過をとってたどりついたのか、いくつかのケースが推測されるがはっきりとしたことは解らないし、いつ頃到着したのかもはっきりしない。

奥州に落着くまでについては義経自らが有名な腰越状のなかで語っている。それによると転々と諸国を放浪して歩き、在々所々に身をかくし、片田舎や遠国を住み家として土民や百姓に服仕して年月を送ったとある。十五歳の少年が当時奥州をめざすということは種々の困難に遭遇するであろうことは予想されるが、後段にいう「土民や百姓に服仕した」ということに関しては大方の人が認めておられるが、私としては全くそういうことはなかったとまではいいきれないが義経が自らの苦境をこのように表現したまでで、これを事実とするのは疑問である。平治の乱から十数年もたっていて平氏の全盛期であり、都とその周辺をすぎれば平氏の追求はそうきびしいものではなかったのではなかろうか。むしろ土民百姓や金商人はそうした少年の面倒をみてくれたのではなかろうか。

なぜ奥州に

次に義経は何故に遠国の地である藤原秀衡をたよったのであろうか。この地が当時安全な地であることは確かであるが、例の源頼政《よりまさ》の蜂起が失敗し、各地の源氏が平氏により追討される危険があるとして都の三善康信《みよしやすのぶ》は頼朝に奥州に避難するようすすめたし、志田三郎義広が謀叛を起こした時、下河辺政義《しもこうべまさよし》が頼朝側に立って常陸《ひたち》国南部を恩賞として与えられたのだが、敗れた義広側は頼朝側とたたかうか奥州に逃入ったという。

こうしてみると奥州は一種の避難所の役割を果たしたようにもみられるのである。また奥州といえば流刑地でもあって藤原秀衡のところでも扱うことになるが、かの鹿ヶ谷事件のとき山城守《やましろのかみ》基兼《もとかね》がその地に流罪となっていて、平氏の敗北後も上洛させずに解放しないのは問題であると頼朝が秀衡を咎めたことがあるなど、この地が流刑地でもあったということは注目してよいことである。実際、鎌倉期でも洛中の強盗などが捕えられて鎌倉に送られそこから奥州の地に送られる事例などがみられるのである。

こうした地域であると同時に前九年・後三年合戦を戦った源氏にとっては「然れば猶意趣残る国」（保元物語）といっているし、一一八九（文治五）年の奥州合戦では、出撃を前にして藤原泰衡《やすひら》は源家累代御家人であるから鎌倉側が独自でも「治罰」を加えることができるといっているのである。

以上からすると源氏と奥州とは微妙な関係にあり、秀衡が義経をうけ入れるについてはそれなりにある種の思惑があったとみてよいであろう。つまり、源氏にとっては気になる地域であり、頼朝が挙兵した時点からは背後にあって油断のならない存在であり地域でもあったのである。

義経は一体何年奥州にいて、何をしていたのか推測するのみであるが、一一八〇（治承四）年の頼朝の挙兵を聞きつけて鎌倉に馳せつけることになるのだが、秀衡は強く引き止めたものの成功せず佐藤継信《さとうつぐのぶ》・忠信《ただのぶ》兄弟の勇士をつき添わせている。このように義経は惜しまれているのをみるとかなり優遇されていたようであるし、秀衡輩下の武士とは異なる特徴、例えば都市型といった気風をもっていて、そこを秀衡はみこんだのではなかろうか。この両者はいくつかのルートでそれぞれ都の消息はつかんでいたのであろう。

兄との劇的な対面

この年の十月に頼朝は弟義経と劇的な対面を果たすことになる。一般にこのことのみがクローズアップされるが、実はその月の一日に頼朝は義経の同母の兄で醍醐寺に入って出家し全成《ぜんじょう》と称することになった今若が、頼朝の鷺宮の旅宿を訪ねてきて涙の対面を果たしているのである。彼は石橋山の合戦ののち頼朝がまだ勢力をもり返すことができなかった頃、相模国《さがみのくに》で佐々木定綱《さだつな》、盛綱《もりつな》、高綱《たかつな》らと行き会っている。そこで佐々木兄弟が寄住している渋谷重国《しげくに》の邸にかくまわれていたが、この月の一日に頼朝の旅宿をたずねてきたのである。もっとも、今若は僧侶になり切っていたため合戦に加わることなくこの年の十一月には武蔵国の長尾寺に入山している。ついでにいえば次兄の乙若は後白河法皇の皇子八条院法親王に仕え円成《えんじょう》といい（のち義円と称す）後年かの源行家とともに尾張の墨俣河《すのまたがわ》で平氏と戦って戦死している。

こうみてくると僧侶となった今若にしても頼朝の挙兵にあたっては東国に赴いて頼朝と対面しているし、他の二人はいうまでもなく反平氏の行動に立ちあがり、その結束力の強さを如何なく発揮しているのである。さて、頼朝は義経と懐旧の涙にくれて対面したその日の夕方には三島社に詣でて戦勝を祈願し、二十三日には相模国の政庁＝国府に帰って、初めて勲功の賞を与えている。つまり、北条時政《ときまさ》以下の武士たちの本領（一所懸命地）などを安堵《あんど》（保障）したり新恩を給付したりしているのである。

嫡庶の区別

さて、ややくり返しになるが平泉での数年間は義経を大きく成長させたことは確かであって、それだけに秀衡としては手許に置きたかったというのが本音であろう。ところで義経に秀衡がつき添わせた勇士佐藤兄弟は信夫庄司の家柄で父はのちの奥州合戦で平泉軍の最大の拠点である伊達郡の阿津賀志山《あつかしやま》の陣地を構築してここでの合戦で捕虜となっている。こうした父をもつ継信・忠信兄弟は平泉の中では屈指の武士であってそうした武士をつけたことにも秀衡の心中に期すものがあったとみてよいであろう。

さて、義経と頼朝の感激的な対面をしたあとは幕府の記録である吾妻鏡には義経についてはほとんど記載されていない。約八ヶ月後に頼朝が三浦の地に赴いて三浦一族にもてなされた折りに陸奥冠者以下が御供をしたとあるがこれは義経のことであろう。この三浦の地に頼朝が訪れたさい上総介広常《かずさのすけひろつね》に対して三浦十郎義連《みうらのじゅうろうよしつら》が「下馬の礼」をとるよう求めたところ「公私とも三代の間」いまだそのような礼をしたことがないと言い放ったという話は有名である。

このように源氏一門や有力武士のなかには自立的志向が強く、頼朝としても一面では配慮しなければならなかったのである。このことは他面では頼朝のもとに多くの東国の武士たちが結集してきたとはいえ、主従の結合といったものはまだまだ確立していなかったのである。それに対して同腹ではないにしても頼朝にとっては範頼《のりより》・全成・義経などの結集は有難いはずであった。だが単純に肉親や近親を重要視することは問題なのであって、他の武士の手前その取扱い方としては同様に遇する必要があったのである。他方で頼朝のもとに結集する御家人が多くなるとさきのことと矛盾する事態、武士＝御家人たちを差別する序列制といったものが必要となってくるのである。

初めに頼朝が取りくんだのは源家一族の嫡子や庶子、長幼の順などであった。吾妻鏡でみると範頼と義経では常に兄である範頼がさきにきたし、義経の叔父にあたる行家《ゆきいえ》の場合では叔父である行家がさきにくるのである。頼朝と義経とは兄弟ではあるが、嫡子である頼朝にとっては嫡庶の区別にとどまらず主従関係の確立にまですすむ必要があったのである。さらに義経についていうならば背後にある奥州の藤原秀衡を意識していたといえるのである。というのは父のいない奥州での義経は推測するに秀衡は親代わりの存在でもあったのである。

奥州の秀衡と越後助職

さて、富士川合戦後まもなく京都の右大臣兼実《かねざね》は、奥州の藤原秀衡が清盛の要請で頼朝を追討することを承諾したという情報を得ているし、翌年の三月の初めには宗盛《むねもり》の許に使者を送って頼朝を討つ旨の返事をしているとか、三月中旬には秀衡が頼朝を攻めるため二万騎を率いて白河関をでたとか、さらに頼朝の足元の武蔵国や相模国の武士たちは頼朝にそむいたため頼朝は安房国《あわのくに》に逃れたといった情報を得ている。勿論、これ等は伝聞であってとくに後者の問題は頼朝軍が足利忠綱《ただつな》と結んだ志田義広《しだよしひろ》と野木宮で合戦し、志田方は敗北し、足利俊綱《あしかがとしつな》は遁走しているし、それ以前の一一八〇（治承四）年十一月には常陸の佐竹氏の金砂城を攻めて滅ぼし、秀義《ひでよし》の所領を没収しているのである。右大臣兼実が伝聞したとされる奥州秀衡の動向については頼朝としても誤報も含めて承知していたであろう。というのは前に述べたように都の情報については頼朝は遂次三善康信の使者から伝えられていたはずである。

さて、一一八一（養和一）年二月には平清盛が死去し、平氏はいわばその支柱となっていた人物を失ったわけで、宗盛としては動揺をきたしたであろうし奥州の秀衡に期待することにもなるのである。この年の四月には奥州に近い常陸国より北陸道をまわって入洛した下人の報告によると秀衡が死去したというのは本当ではなかったとか、頼朝が秀衡の娘を娶ると相互に約束したけれども、ことはそのように進んでいないなどと伝えられている。

こうしたことからみても頼朝としては義経の背後に秀衡がいるということは承知していたであろうし、兄弟であっても、内心では警戒心をもっていたと考えられる。この年の八月、秀衡は陸奥守に任じられ、越後住人平助職《すけもと》は越後守に任じられている。同時に前者は頼朝、後者は木曽義《きそよし》仲《なか》を追討するよう宣旨《せんじ》が出されているが、これは勿論、平氏の要請によるものであった。

義経の馬の引手役

こうした情勢下で義経に関してある事件が起きたのである。それは鶴岡若宮造営の上棟式を行うにあたって起きた事件であった。つまり、上棟の式典を行うにあたって武蔵国の浅草から招いていた大工に馬を与えることになり、その馬の引手を頼朝は弟の義経に命じたのである。ところが義経は馬の下手を引く者がいないという理由で断ったのである。これに対して頼朝はそうした義経の口実は根拠がない。畠山重忠《はたけやましげただ》や佐貫広綱《さぬきひろつな》がいるのにどうして人がいないと言えるのか、この役を卑下するためのいいぶんだと叱責し、義経は二匹の馬を引き、初めの下手は畠山重忠が、後の下手は佐貫広綱が引き手を務めた。

秀衡に優遇されていた義経にとってはこの兄の満座での叱責は意外であったろうし、頼朝の立場からすれば挙兵以来の武将たちと義経を同列に扱う必要上、義経には馬の引き手を是非とも務めさせる必要があったのである。

ところでさき程述べた秀衡などの任官はすでに審議されていて、決定されたのはこの事件の一ヵ月後の八月中旬であった。その意味からすれば奥州の動向とこの問題で頼朝がとった態度とは直接関係はないのだが、兄弟だからといって優遇することは、絶対者としてはいまだしの感のある頼朝にとっては、他の武士の手前もあって義経にこの役を務めさせる必要があったのであった。

義経の初陣は延期

さて、この年の八月二十六日に京都からの急報があって、平維盛《これもり》軍が攻めてくるとの知らせがあり、十月三日には維盛軍が都を出発したため足利義兼《よしかね》・源義経・土肥実平《どひさねひら》・土屋宗遠・和田義盛らがこれを迎え打つため遠江国《とおとうみのくに》に向けて出発しようとしていた。この順序はたびたび引き合いに出す幕府の記録である吾妻鏡によったもので、筆頭と二番目は源氏の一門で、続いては遠江国に近い有力武将たちであった。このことのみをみれば源氏一門を先頭にすることができるようになったといえるし、義経にとっては初陣になるはずであった。だが佐々木秀義の進言があり、維盛軍は近江《おうみ》より下ってくるのがいつかはっきりしないし、頼朝の叔父源行家が尾張に陣を張っているから急いで出撃する必要はないとのことで延期となってしまった。

ところで、五人しか記載されていないところで序列がどうかといったことを論ずるのは早計ということになるが、源氏の一門が先頭になっていることと、何故か範頼の名がないのが不思議である。後年の義仲、平氏の追討にあたっては頼朝の代官として、かつ大手の大将となっていた範頼の名がないのは脱漏によるものであろうか。彼についていえば義朝の六男で母は遠江国池田宿の遊女で、遠江国蒲御厨《かばのみくりや》で生まれたことから蒲冠者《かばのかんじゃ》ともいわれた。この時、範頼の名がないのは遠江国にいたからであろうか。なお、筆頭に位置した足利義兼についてみれば新田氏と並んで源家の嫡流に近い名家で、義兼はこの直前あたりに北条時政の娘を娶ったばかりであった。これは頼朝との関係でいえば妻を通じて義兄弟ということになり、新田氏などと比べると格段とその差を広げている。

秀衡の調伏祈願

義経の初陣が延期となって五ヵ月後に、頼朝は腰越辺の江の島に出かけている。実はあの高雄の文覚《もんがく》上人が頼朝の御願を祈るために弁才天《べんざいてん》を勧請していてその供養のためということであったが実は鎮守府将軍《ちんじふしょうぐん》藤原秀衡の調伏のためであった。ひそかに行われたこの供養には義経は当然にも参加は認められなかったようで、同行したのは足利冠者（義兼）、北条殿（時政）、新田冠者（義重《よししげ》）、畠山次郎（重忠）、下河辺庄司（行平《ゆきひら》）、結城七郎（朝光）、上総権介（広常）、足立右馬允（遠元《とうもと》）、土肥次郎（実平）、宇佐美平次（実政）、佐々木太郎（定綱）、同三郎（広綱）、和田小太郎（義盛）、三浦十郎（義連）、佐野太郎（基綱《もとつな》）等であったという。

この場合、これに加わった武士たちは新田義重《にったよししげ》は参加におくれたが、その他の武士たちはいずれも頼朝の挙兵に共鳴して早くから馳せ参じた者たちであった。ここにも範頼の名がみえないのが気になるが、参加を許されなかった義経にとってはきびしい仕打ちと映ったに違いない。

ところで義経の兄範頼の吾妻鏡での登場は一一八一（養和一）年閏《うるう》二月で、小山朝政が志田義広を討つとき馳せ参じているから比較的早くから仕えていたようである。

第四章　義仲の台頭

以仁王の令旨とどく

源義仲《よしなか》の父義賢《よしかた》は頼朝たちの父源義朝《よしとも》の弟で、一一五五（久寿二）年義朝の子の悪源太義平《よしひら》に武蔵国の大倉の館で殺されている。この義賢は上野《こうずけ》の有力武士秩父重隆の養子で上野から武蔵国にかけて勢力を伸張するにいたったが、相模国《さがみのくに》の鎌倉を本拠としていた義平に殺されたのは源氏の一族内部の勢力争いが原因であったろう。それは保元《ほうげん》の乱の前の年で当時義仲は三歳であった。彼は義仲の乳母《うば》の夫である中原兼遠《なかはらかねとう》をたよって信濃国の木曽に遁れ成長するにつれて「武器」家をうけ継ぐものとしての自覚を強めることになった。

一一八〇（治承四）年以仁王《もちひとおう》の令旨《りょうじ》は叔父の源行家《ゆきいえ》によって義仲の許にも届けられた。八月には頼朝が伊豆で挙兵したことはまもなく知ったようで、これに呼応する体制をとっていたところ、平氏方の小笠原平五頼直の方が義仲を襲おうとしたため、義仲の「方人《かたうど》」である村山七郎義直や栗田別当大法師範覚等の双方と市原で合戦したものの、窮地に落ち入り義仲軍に助けを求めた。頼直はその義仲軍の威勢を恐れ越後の城《じょう》四郎長茂をたよって逃亡している。この翌年の五月に城氏は清盛の要請をうけて信濃国に攻め入っていったんは勝利を収めたものの、信濃源氏が三手（木曽・サコ党・甲斐武田）に分れて反撃したため本城に逃げ去っている。

平氏方としては各地の源氏の追討が思うにまかせないため、前述したように奥州の秀衡《ひでひら》に対しては頼朝を、木曽義仲に対しては城助職《すけもと》をあてて追討の宣旨《せんじ》を出すよう求め実現し、しかも秀衡には陸奥守、助職には越後守に任命したがそれでも成功しなかったのである。

いずれにしても一一八三（寿永二）年という年は木曽義仲が活躍した時期であり、頼朝もまた源家の盟主としての地位を確立した時期であった。というのは義仲と違って頼朝は早くから洛中との連絡をつけて、自分たちの立場を表明していたのであった。つまり、自分たちは全く「朝家」に対する謀叛者ではなく、偏えに君（後白河法皇）の御敵を打つために立ち上がったのである。もし平家を滅亡させることがよろしくないならば、古昔のように関東は源氏の「進止」（進退すること、処分、売買、裁判権などの権限をあらわす）、西国は平氏でということで国司については「朝家」より任命していただきたいといっているし、叡山や伊勢神宮に対しても東国の所領・御厨《みくりや》などの年貢納入の保証を行う旨の表明をしている。もっとも、平氏との関係ではこの頼朝の密奏は拒否されたが、中央勢力との接触という点ではその一歩をふみ出したのである。

ところで義仲を追討するために北陸道に討手を派遣した平氏軍は「大将軍は維盛《これもり》など四名」、「軍を指揮する侍大将は九名」、以上を含めて「しかるべき侍三百四十人都合《つごう》其勢十万余騎」といっているからその大部分は諸国から駆り集めた兵士という構成だったのである。この時代の記録や物語に登場する軍勢については以上のような配慮が必要である。

頼朝と義仲の和議成立

ところでこの頃の義仲についていうと、一一八三（寿永二）年三月頃では義仲と頼朝との対立が生じ、頼朝側では軍勢を上野国から信濃に侵入させたため、義仲としては平氏との合戦を前に背後の頼朝との対立を回避するための方策を考え出す必要が生じた。この問題は源頼朝・木曽義仲・甲斐源氏の三者はかの以仁王の令旨をそれぞれうけとっていて、反平氏ということでは同じ源氏一門としていわば同盟関係にあったものの、平氏との関係が膠着状態に落ち入ったことにより今度は三者間に競合にともなう内部矛盾が生じることになった。頼朝と甲斐武田氏との問題は別のところでふれることにして義仲の問題でいうと、一説には甲斐源氏の武田信光が頼朝に対して義仲が異心をいだいていると注進したところ、義仲を攻めることになったという。

しかしながら両者は衝突を前にしてからくも和議が成立し、義仲は息子で当時十一歳の清水冠者義高《しみずのかんじゃよしたか》を実質的には人質として鎌倉に送り、頼朝の長女大姫《おおひめ》と結婚させることで一応の結着をみたのであった。こうして義仲は洛中をめざして一時敗れたことがあったが快進撃をとげ、とくに越後軍を破ったあとは越前・加賀・越中の合戦で勝利しているのである。

源氏一門の動き

ここでは、頼朝らの源氏の有力者たちに以仁王の令旨を届けて平氏打倒の火付け役を演じた頼朝の叔父源行家にふれつつ、他の源氏一門についても扱うことにしたい。頼朝、義仲、後には義経ともかかわりのある行家は、源義朝の末弟で頼朝や義経の叔父にあたる。

平治《へいじ》の乱後、熊野新宮にかくまわれて追捕を免れ、源頼政《よりまさ》らの蜂起のあと以仁王の令旨を持って各地を廻った時期は八条院の蔵人《くろうど》であった。一一八〇（治承四）年の頼朝の佐竹攻撃のあとの十一月初めには志田義広《しだよしひろ》とともに常陸《ひたち》国府を訪れている。これは源氏一門として頼朝の勝利を祝ってのことであろう。もっとも、敗れた佐竹氏も源氏の一門であるが。その後の行家は尾張・三河を拠点にして翌年の三月には挙兵はしたものの墨俣河《すのまたがわ》の戦いで平重衡《しげひら》・維盛軍に敗れている。

この戦いでは義経の同母兄乙若《おとわか》が戦死していることはすでに述べている。その後、一時的に勢力を盛り返したものの、他の源氏の諸氏、例えば義仲のように独自に軍を組織して戦うことはできず頼朝をたよった節もあったが、一一八三（寿永二）年段階では義仲と意を通じ合うようなった。これは一つには行家が諸国の守や介となることはなく、したがって諸国の兵を召集することができなかったからである。このことは義仲と頼朝との対立を助長させることにもなった。

そうした頼朝と義仲の対立と和解についてはすでに述べたところであるが、一一八三（寿永二）年三月に頼朝が信濃に大軍を派遣しようとしたことがあるが、このような行動に頼朝をしてかりたてた要因には、すでに述べた他に義朝の弟で常陸を本拠としていた志田義広が頼朝と対立して破れたあと義仲をたよったという事情をつけ加えておこう。こうしてみると頼朝による源家一門の結集はそう簡単ではないことが解るのである。

甲斐源氏の武田太郎信義・一条次郎忠頼らはかの石橋山合戦のことを聞き駿河より頼朝のもとに馳せ参じようとしたが、信濃に平氏の「方人」がいるのでまず信濃に進出して木曽義仲と組んでたたかうといった動きがあり、反平氏の活動で期待され優遇されてはいたが、一一八一（養和一）年三月の初めに院殿上で武田信義《たけだのぶよし》に対して頼朝追討の命令が出されたとの連絡が入り、信義としては駿河より参上して身の潔白を述べ、子々孫々にいたるまで頼朝に弓を引くようなことはしないとの起請文《きしょうもん》を書いている。

また新田義重《にったよししげ》などは陸奥守義家《よしいえ》の嫡孫だとして自立の志をもっているとして頼朝の挙兵の呼びかけにも返事がなく、上野の寺尾館に引きこもって軍兵を招集しているという。こうして三ヵ月後程たった十二月末の召しにより参上したものの、鎌倉入りが許されず山内辺りをしばらく徘徊してからであった。義重によれば頼朝の呼びかけにすぐさま応じるべきであったのだが、家人たちに戦乱の時であるから城（館）を出るべきではないといわれ馳せ参ずることができなかったと弁明したという。こうした新田義重らの行動に対して、孫の里見太郎義成は日頃は平家に属しながらも、源家の再興の動きを京都で聞き参上することにしたという。しかも都を離れる理由に関東に下るのは頼朝を討つためと申し出たところ平氏は喜んで許したという。

こうしたことは祖父義重とは格段の違いがあるとして頼朝を喜ばしている。この初発の段階での新田と里見の違いはあとあとまでひびいたようで里見に対する厚遇に対して新田氏の方はしばしば罰せられたり冷遇されている。また義重の弟にあたる足利義兼《よしかね》は頼朝の挙兵に参加したのは勿論のこと、北条時政《ときまさ》の娘を娶るなどして順調な地位を確保しているのである。

このように源家一門についてはとくに頼朝の挙兵の時期でみると反平氏ということでは一致できても具体的な軍事的共同行動をとることは容易ではなかったのである。その一つの理由としては以仁王の令旨が各地の源氏に届けられ、それぞれが呼応するといった態度をとっていたわけで、いいかえればいわば「反平氏」のゆるい結束にすぎなかったので、頼朝の立場からすればこの結びつきをより強固なもの（主従関係）にたかめなければならなかったのである。これに成功することが平氏を打ち破ることにもなるわけで、初期では紆余曲節をよぎなくされたのである。

勿論、頼朝のもとに結集した武士は源氏のみでなく、北条時政をはじめ平氏やそれに縁りのある人達も少なくなかったのである。それ故に源家一族以外でも自立的独立的志向が強かった武士たち、例えば上総権介広常《ひろつね》のような存在もいたのである。こうした武士たちをどのように支配下に組みこむことができるかが頼朝にとって大きな課題の一つであったのである。他方、源家一門といった血縁による結集は安易のようにみえるが意外にも対立が深まる要素をもっていたようにもみえる。当時、比較的関係が深いつながりとなっていたのは乳母関係などのつながりであった。したがって武士たちの結集には血縁以外の要素や一種の主従関係、行動の一致の経験などが人々を結びつけたり、あるいは対立・競合に発展することにもなったのである。

平氏の西走

ところで火打城にたてこもっていた義仲軍に内通者が出たため平氏方に破れ、平氏は加賀から越中に侵入する勢いとなり砺浪《となみ》(波)山の麓にまで進出した。これに対して義仲軍は義仲をたよって来た二人の叔父である行家と志田義広とともに信濃・上野・越後などの軍勢を率い一万余騎を敵地の背後に送りこみ夜になってから四方より攻めたて平氏の軍勢を倶利迦羅《くりから》の谷底に追い落として勝利することができたのである。

こうして六月にはその先鋒隊は早くも近江《おうみ》国に進入した。義仲軍の進出に勢いを得た各地の反平氏勢力の活動も一段と活発となり、連合する動きがみられるようになった。義仲は平氏と矛盾を深めていた延暦寺《えんりゃくじ》との結びつきを強化し、比叡山を下って北から都をうかがおうと計った。行家はかねてから熊野、吉野と関係が深かったから近江・伊賀を経て大和に入り、その地域の反乱軍と結んで都に迫ることにした。この他では搦手《からめて》の丹波《たんば》から東に進出しようとする動きや摂津源氏の多田行綱《ゆきつな》なども、こうした形勢をみて淀川の川尻附近をおさえて平氏の瀬戸内との連携を断とうといった行動を起こしている。

こうしたなかで東海地方の武士たちのなかでも、甲斐源氏の一族である安田義定《よしさだ》などもおくれてはならないとして近江から都をうかがい侵入を計った。こうした包囲網の進行により平氏は六歳の安徳天皇と「三種神器」を奉じ、いまは平氏一門の居館になっていた六波羅《ろくはら》の居館に火をかけ、平氏の西走がはじまったのである。こうして平氏は都にとどまることができずかわって義仲・行家・義定らの軍勢があれた都にあふれ、平氏の都落ちの際いち早く延暦寺に避難していた後白河法皇も京にもどり活動することになったのである。

平氏追討の恩賞をどうする

ところでこの時に院の議定で問題となったのはその第一は頼朝・義仲・行家の恩賞問題であった。二番目は京中の武士の狼藉に如何に対処するか、具体的には洛中に駐留することになった義仲らの多数の軍隊を如何に減らすことができるか。三番目は関東・北陸に多く存在している神社・仏寺など有力な諸権門勢家の荘園所領に対する本所権の確保の問題で、本所に命じてそれらの所領に使者を派遣してはどうかということであった。

最初の問題でいうと頼朝の上洛を待たずに恩賞を三人に同時に行うべきであり、その際、頼朝の恩賞については、本人の考えと違ったならば申請にしたがって改易すればよいとし、三人の等級としては第一は頼朝、第二は義仲、第三は行家ということで、いまだに上洛もせず今度の合戦にはほとんど実績のない頼朝を第一としたのである。これは後白河一流の分断策であり、頼朝を優遇することで義仲・行家との隔離を計る布石で、義仲・行家を牽制するためにとった方策の一つであることはあきらかである。

二番目の洛中の軍兵の人員を減らす問題は種々の提案があったものの義仲に一カ国を与えて兵糧の用途にあてるという提案は公卿《くぎょう》の集まりで決定することは難しく「勅定」によることになった。第三の問題は関東・北陸の庄園領に対しては本所の権限を回復する問題であるから公卿たちの利益にかかわることであるのでとくに異議は出なかったという。

かくして一一八三（寿永二）年八月六日になって平氏の内大臣宗盛《むねもり》の除名をはじめとして平時忠《ときただ》を除いて二百余人が解任となり五百余ヵ所の平家領が没収され、その所領は義仲・行家に分与されたのである。では官位の方の恩賞はというと、義仲は従五位下左馬頭兼越後守、行家は従五位下備後守に任命されている。さすがに頼朝に関してはこの時はそのままになっている。

ところが義仲と行家の恩賞に関して、とくに行家の方は厚賞ではないとして辞退したいといったという。年齢では義仲よりも十代程年長で叔父にあたる行家としては序列的には上位であることは確かながらこのところの義仲にたよった弱みはあるし、山国育ちで粗野で武骨の義仲に比較すると畿内近国に育ち以仁王の令旨をうけとって諸国の源氏に届ける仕事をになない貴族たちとの接触も多く院内に出入りし、後白河法皇とも双六《すごろく》を終日興ずることのできる間柄であったが、やはり義仲の方に分があったのである。こうした義仲と行家との関係を知り抜いた法皇以下の貴族たちは、対立を助長させることに意を注いだとしても不思議ではない。

木曽義仲

この間の京都での軍兵たちの兵糧欠乏による狼藉問題の発生とそれらに対する都市民の怒りと不信、さらには老獪な貴族たちの政略に翻弄された義仲はやがて孤立化を深め、法皇からは平氏追討の実行をせまられ、わずかな家人たちをともなって西海に出立しなければならなかったのである。

しかし、瀬戸内海を制圧し、海上での合戦に長じている平家の兵士にたいして義仲の軍兵たちではうまく進まず苦戦を強いられた。

ところで義仲の西国行きを促したのは勿論平氏追討にあるが、都の「朝家」では義仲の大軍が洛中に駐留すればどうしても乱暴狼藉や兵糧問題、強奪などが生じかねないからでもあった。これまでは、あまりふれてこなかったが、一一八〇（治承四）年あたりから旱《かん》ばつでその翌年からは飢餓となり、その翌年からは官軍である平氏には諸国の農民に兵糧米を課すことが認められている。この時期の農村などを叙した「方丈記」や「吉記《きっき》」によると農民は土地を捨て山に住むとか疫病が流行して合戦自体もうまく進まなかったという。それがひどくなると「ゆきたおれ人」「放火」「強盗」が横行し、平氏の兵のなかにも脱走兵が出るありさまだったのである。戦争（合戦）は非戦闘員にもこのような被害を及ぼすのである。

頼朝上洛せず

この間、上洛を自重して関東とその周辺で地盤の拡大を計っていた頼朝にとっては時節到来ということになった。すでに洛中では頼朝に期待する声が強く、さきにみたように恩賞の第一番目に頼朝をあげていたほどである。このことは後白河法皇の狙いは別にあるとしても、洛中の期待が高かったのは確かなのである。

つまり、後白河法皇としては軍事状況の推移をみてとって、義仲をみかぎり頼朝との連携を深める方向に梶をとろうとしているのである。そのために、さきの恩賞では頼朝はもれたもののその前に官位を剥脱されたままになっているのを免ずることで懐柔しようとしたのである。

これに対して頼朝はあくまで都の公卿たちの利益を守り擁護するものであるとの立場を確固として表明したのである。

院の申し入れに対しては頼朝の返事は次の三点であった。一つは、神社仏寺に「勧賞」を行って押領された寺社の所領を元の如く荘園領主（本所）に返すべきである。二つ目は院や摂関家など公卿や貴族の押領された所領などはもとのように返すべきである。第三は平氏にしたがった武士たちであっても斬罪にするのは免ずべきであるというものであった。寺社や公卿たちの所領をもとの如く保証することや、平氏に追従した地方武士たちを許すべきであるというのであるから、京の「朝家」をはじめ寺社や公卿たちは歓迎すべき内容の提案であった。だが、ここには疲れた民衆に対する提案は一つもない。

こうして頼朝はこの年の十月九日には義仲などとならぶもとの官位右兵衛佐《うひょうのすけ》従五位下に復することができたのである。だが上洛要請については頼朝は慎重で、上洛すればその跡を奥州の藤原秀衡や常陸の佐竹隆義《さたけたかよし》などに入れ替えられる危険があるということと、大軍を率いて入洛すれば義仲軍が遭遇した場合のように兵糧などの確保が困難であることをあげて辞退している。これに対して都の院側はただちに宣旨を出して答えている。それは東海道・東山道・北陸道の庄園の年貢はそれぞれ国司・本所のもとに納めよ。それに従わないものがあれば頼朝に連絡してその命令に従わせよというものであった。

もっとも、この宣旨が指示している地域については義仲から異議が出されて北陸道は除外されることになったのである。頼朝軍はこのようにたいした合戦もせずに、東海道・東山道に属する諸国についてはこうした一定の権限が与えられたのである。なお、北陸道の地域は義仲の影響力の強い地域であるから除かれたのである。しかしながらこれは平氏追討にあたっていた義仲をあわてさせたことは確かであった。なぜなら北陸道を除外させることができたにしても、義仲の挙兵以来の本拠地にあたる信濃も早くからその勢力下だった上野にしてもともに東山道なのである。ということはこれらの国も頼朝の支配下に属することになるのである。

義仲苦戦

こうした時期に義仲に対して院の使者静賢法印が義仲亭に赴いて、にわかに関東に下向する理由はなんなのかと聞いているが、それに関して義仲は頼朝を院に召すことを止めるように再三申し入れたのに承認することなく相変わらず頼朝を贔屓《ひいき》にしているし、東海東山北陸については頼朝の命令に従って追討すべしといっているのは義仲にとっては生涯の遺恨であるといったという。その結果、前に述べたように義仲の影響下にある北陸は除外されたのである。

こうして一時期、東は頼朝、中央は（北陸を含めて）義仲、西は平氏の三者が競うことになったのである。勿論、ほとんど無傷の頼朝軍がもっとも強力であるのはいうまでもない。手兵もわずかな行家は平氏の洛中突入にそなえるため、後白河法皇に頼んで南都の衆徒大衆《しゅとたいしゅう》に期待する有様であったし、義仲自身も行家と対立するようになり、「院を奉じて北陸に引き籠る」との風評はもってのほかのいいぶんで、これは行家らがながしている流言であると打消している程であった。また現在のところ平氏追討使がいないので、不便であるから志田三郎義広を任命していただきたいと要望したという。

最初の件については行家などが奏上しているのではなく一般にいわれていることであり、また、志田義広の追討使任命については頼朝が殊に恨を持っている人物なので認められないということであった。しかも義仲と行家とは対立し別行動をとり、平氏追討使がいない状況下では平氏追討もおぼつかないはずである。

こうして同年閏《うるう》十月末には頼朝は東山・東海の他、北陸・南海などにまで義仲の追捕に動き、自らも上洛するつもりであったが、例によって奥州秀衡軍が白河関を出たと聞き、関東を襲う疑いがあるとして、形勢をうかがうため途中の遠江国《とおとうみのくに》辺りで逗留し、結局は鎌倉にもどっている。

こうして同月二十六日に義仲に対して平氏追討の院宣《いんぜん》が下されたという。しかしながら義仲は関東の頼朝を討つため関東に赴くので、南都興福寺の衆徒大衆に従うよう求めたが承諾を得られなかったという。ここでも後にのべるように行家軍同様、義仲は官軍にもかかわらず関東の追討にあたり南都の衆徒大衆に期待をよせているのである。

ところでその直後の二十九日に院に呼ばれた奈良僧正信円によれば後白河法皇と行家とは終日「双六」に興じていたため空しく退出しなければならなかったという。翌日に召されて参内したところ南都の衆徒大衆に対して西国の平氏に備えるよう協力を求められたという。これは勿論行家の要請によるものであろう。信円としては南都の衆徒大衆は無理で、末寺の荘園の兵士を用意することで落着したという。義仲の場合は衆徒大衆の協力を求めて失敗したが、こちらは「末寺荘園の兵士」の協力で決着したというが行家と後白河法皇とはすでに述べたように「双六」に興じることができる間柄で義仲に対してとは異なる対応をみせているのである。

さて十一月の初めになって頼朝は、その母が頼朝の助命にあたった平頼盛《よりもり》などと協議して兵糧や秣《まぐさ》の準備が充分でないとの理由から上洛をとりやめ、弟の九郎義経に五千騎をそえて上洛させることになったという。この時期の「九郎御曹司」とは誰か、右大臣兼実《かねざね》は解らなかったので尋ねている。

それはともかくとして頼朝は弟の義経と京下りの下級貴族で都の事情にくわしい中原親能《なかはらちかよし》の二人が率いる一軍を上洛させている。数日後には近江についた義経軍は五、六百騎で院に「物」（年貢など）を進上するための使者というふれこみであったという。このあたりでは兼実は次官《すけ》親能（広季の子）ならびに頼朝の弟といっているから義経に対する知識は得ることができたのであろう。彼らは年貢進上の他に十月宣旨を獲得したことを宣伝するとともに指示命令をしながら西上し、京都をうかがっていたのである。注意したいのは義経の戦術は大軍を率いた時でも、少数の精兵を別にわけて奇襲攻撃を行うのが特徴である。

義仲のクーデター

こうした中で義仲は漸次追いつめられて十一月十九日に法住寺《ほうじじょうじ》（後白河院はここを御所とした）を襲い放火し、法皇を五条東洞院の摂政亭に移し公卿殿上人は多数逃げ去ったものの園城寺円恵法親王、平氏と親しかった天台座主《ざす》明雲《みょううん》、越後守信行、近江守重章、主水正《しゅすいのしょう》近業《ちかなり》らは命を落とし院中に仕えていた者百十一人の首を五条河原の木にかけ、これを見とどけ義仲軍は「軍呼」三度に及んだという。この他に義仲は多くの所領を確保するとともに摂政基通を廃して基房の子息師家《もろいえ》をつけ十九日には中納言藤朝方《とうのともたか》以下十七人の公卿、参議など衛府十六人を解任している。

義仲征夷大将軍となる

こうして一一八四（寿永三）年一月十五日には義仲は「征夷大将軍《せいいたいしょうぐん》」に任命されている。だが態度を鮮明にしなかった多田行綱をはじめ、摂津国の源氏たちも蜂起して義仲を攻撃するようになった。さて、義仲の帰京と入れ代わりに西国に赴いた行家も今度は反義仲の態度を明確にして兵を挙げるにいたった。義仲としては各地の蜂起した反義仲軍を鎮圧するためには手持ちの兵を各地に分散して対処しなければならず、京都の防衛にこと欠く有様であった。

正月の後半には義経とその兄範頼《のりより》の率いる関東軍は甲斐源氏の一条忠頼《いちじょうただより》の兵を含めて京都の侵攻をめざした。このようにして義仲軍はもはや末期的状況にあったので、義仲の「征夷大将軍」の任命も都落ち直前のかの平宗盛の内大臣任官の場合とまったく同様であったというほかはない。

かくして範頼軍は勢多から義経軍は宇治より「参洛」し、これに対してあの志田義広・今井兼平以下の兵士が防戦したけれども敗北し、ついに出陣した義仲も軍勢は少ない上に行家を討つためにまた軍をさかねばならず加えて源氏の急迫によりなすことなく、北陸に落ちのびようとする途中、近江の粟津《あわつ》で敗死したのである。

ここで二つ程付け加えるならば志田義広が義仲軍に呼応したのは反頼朝で一致したことと同じ

源氏の一門であることであろう。また征夷大将軍についていいえば、義仲の没落直前の任命であることも関係するが、征夷の任務は以前に終わっていてこの官名は単なる名誉の称号であるという性格のものだったのである。

義仲の敗北

かくして義仲が天下を実質的に掌握した寿永二年十一月クーデターに始まって、その後の敗死するまでの六十二日間であることから、かの平治の乱の藤原信頼《のぶより》を回顧しその短命さが比較される。しかも、その六十二日間も、平氏追討のために都を離れることがあるなど政権の名には値しないのである。

こうして同じ源氏として別行動をとりながらも一応共通の敵平氏とたたかってきた義仲も後白河法皇などの巧みな分裂策も加わって同族は決裂し平氏を追いつめながら、たち直りの機会を与えてしまったのである。

ところで義仲敗死後の三ヶ月程経て頼朝はもはや利用価値はないとみて義仲の遺子清水冠者義高を凶刀を浴せて殺させている。父義仲の敗死により「意趣返《いしゅがえ》し」を恐れたということであろうか。それにしても娘の許婚者を消すという政治の悲情さを感じざるを得ない。

このように政治の世界では肉親とか血縁といっても、所詮、政治目的のために利用しこのように無力なものだったのである。いずれにしても、頼朝は義仲に比べれば戦闘による犠牲も少ないにもかかわらず義仲、行家などが求めても得られなかった成果を得ることができたのである。なお、都の右大臣兼実などは「玉葉」で義仲追討の主役は義経であったといっているし、幕府側の記録では範頼・義経の順となっている。

またこの義仲の敗北については慈円《じえん》は「愚管抄《ぐかんしょう》」で、

「カカル程ニヤガテ次ノ年正月ノ廿五日、頼朝コノ事キキテ、弟ニ九郎ト云ヒシ者ニ、土肥実平、梶原景時、次官親能ナド云者サシノボセタルガ、左右ナク京へ打入テ、ソノ日ノ中ニ、打勝テ頸トリテキ（中略）義仲ハワヅカニ四五騎ニテカケ出タリケル、ヤガテ落テ勢多ノ手ニ加ハラントテ大津ノ方へ落ケルニ、九郎追カケテ大津ノ田中ニ追ハメテ、伊勢三郎ト云ケル郎等、打テケリト聞ヘキ」（傍点著者）

とあって、幕府の記録では範頼が筆頭で次が義経となっているが、この場合は義経が前面に出ていて範頼の名はみあたらない。また義仲の首を獲ったのは義経の郎等伊勢三郎義盛と聞いているとあるのである。このようにこの合戦での殊勲者は都ではやっぱり義経が筆頭なのであって、他の人物の名はその後なのである。

第五章　義経の活躍

一の谷の合戦

一一八四（寿永三）年一月末日、梶原景時の飛脚がこの合戦で討ち亡ぼした囚人等の「交名注《こうみょうちゅう》文《もん》」を頼朝の許に届けている。これからみても、頼朝は義仲《よしなか》が獲得していた平家の旧領五百余箇所などの所領を確保し、かつ平氏追討の勅命を正式にうけていたことが解る。だが当の平氏は義仲と頼朝の対立激化が進行している間に、北九州の太宰府あたりまで落ちのびたあと復活し、瀬戸内・中国・北九州に影響力を強め一部はかつての拠点である「福原《ふくはら》」にもどったという。

ところでこの時期右大臣兼実《かねざね》などが伝聞したところによると義仲の末期あたりでは平家との連絡を通じていた者がかなりいてその範囲は公卿《くぎょう》やその被官たちなど上下にわたっていて、なかでも後白河院の近臣たちは甚だ多かったという。彼等は以前からの結びつきから平氏の復活に期待をもっていたのであろう。右大臣兼実などはそうした話を聞いても驚くことはない。なぜなら自分は一切そうした連絡をとっていないからだといっている。武士の中心がこのところ変転しているため公卿などの役人は色々なつなぎをとっておく必要があったのであろう。また義仲との連携を計って関東と対抗しようとする動きすら試みられたという。

このようにみると鎌倉側は義仲を破ったもののそう楽観視できなかったのである。こうして二月の初めには平氏は日頃から従えていた西海山陰両道の軍兵数万人を従えて摂津の境にある一の谷に陣を構えて集結するにいたった。

二月四日は清盛をしのぶ三年目の法要がはじまった日であったが、五日には大手大将範頼《のりより》軍と搦手《からめて》の大将義経軍とが摂津国に到着し、合戦の日を七日と決めたという。これを聞いた平資盛《すけもり》以下平氏方の七千余騎の兵士は三草山《みくさやま》の西に到着し、源氏の方は同じ山の東に陣し両者は三里の行程を隔てて対峙《たいじ》した。九郎義経は田代信綱や土肥実平《どひさねひら》と協議して六日の夜明けを待たずに三草の西の平資盛軍を急襲した。平氏軍はあわてて散り散りとなって逃亡したという。

翌日には雪が降ったが早朝より義経は勇士七十余騎を選りすぐり一の谷の後峰の鵯越《ひよどりごえ》に移動して待機した。ところがその途中から熊谷次郎直実《なおざね》・平山武者所秀重らはひそかに抜けがけをねらって卯刻《うのこく》（六時頃）に一の谷の前側に廻り、海道から平家の館を急襲した。そして「源氏の先陣なり」と名乗りをあげたという。それを聞いた飛田三郎景綱以下二十三騎が木戸口を開いて走り出して応戦した。

この戦いで源氏方の熊谷直実の息子直家は傷をうけ、秀重の郎従は討たれた。その頃、大手に向った範頼の軍勢の足利・秩父・三浦・鎌倉の面々もそこに到着して攻撃をはじめた。こうして両軍が入り乱れての激戦となった。この要害の背後には岩石が高くそびえ立って馬も通れず、その間の谷は深く人跡もないところであった。そのような危険な路を義経は三浦十郎などの勇士を率いて鵯越から攻め下った。この予想もしない奇襲にあって平氏軍は度を失って敗走した。あるいは馬に鞭《むち》打って一の谷の館から逃げ出し、あるいは船に乗って四国の地に退いた。

こうして平氏一門の本三位中将重衡《しげひら》、但馬前司経正《つねまさ》、能登守教経《のとのかみのりつね》、備中守師盛《もろもり》は生け捕えられ、越前三位通盛《みちもり》、薩摩守忠度《さつまのかみただのり》、若狭守経俊《つねとし》、武蔵守知章《ともあき》、大夫敦盛《あつもり》、業盛《なりもり》、越中前司盛俊《もりとし》は討死した。以上からも義経の果敢な戦闘行為が知られるのである。義仲を敗った追討軍はこのように平氏をも追撃したのであるが、比較的客観的に記述している「愚管抄《ぐかんしょう》」は「同寿永三年二月六日ヤガテ此頼朝ガ郎等押カケテ行ムカイテケリ。ソレモ一ノ谷ト云フ方ニ、カラメ手ニテ、九郎ハ義経トゾ云シ（中略）コノ九郎ソノ一ノ谷ヨリ打入テ、平家ノ家ノ子東大寺ヤキシ大将軍重衡生ドリニシテ、其外十人バカリソノ日打取テケリ。教盛中納言ノ子ノ通盛、三位忠度ナド云者ドモナリ。サテ船ニマドイ乗テ宗盛又落ニケリ」（傍点筆者）といったことで搦手の大将義経の活躍のみめだったかたちで記しているが大将はあまり前面に出ない方が殊勲を競い合う部下たちからは評判がよいようである。前の木曽義仲との合戦でも都では義経の評判はたかかったが合戦上ではそれ程めだった活動をしたとは思えない。義仲軍などと比べて軍規がきびしく混乱がなかったことが評判をたかくしたのかも知れない。

一の谷の合戦

しかしながらこの「一の谷の合戦」では義経の本領は如何なく発揮された。この合戦の結果については都には翌日、鎌倉には同月十五日に範頼と義経の飛脚が到着し、合戦記録を献じて報告している。この間の合戦では大手大将軍は範頼、搦手大将軍は義経と長幼の順になっているが、洛中での評価では例えば左大臣兼実の日記「玉葉」では「一番は九郎の許より告げ申し(搦手なり)次に加羽冠者案内を申す（大手なり）」といった具合に義経が先になっているのである。

ところで義経軍は部下の統制がよくとれているため都の評判がたかいといったその点でも範頼の方が劣っていたようである。「一の谷の合戦」の直前、昨年の冬、義仲攻撃のため上洛するにあたり尾張国の墨俣渡《すのまたわた》しで範頼は御家人と争い頼朝より叱責されている。つまり、部下と先陣争いをするなど統制がとれていないということであるが、もう一つとしては大将軍として指揮官としての資質が問われているのである。もっとも、この点は義経によくみられることで、指揮官自らが先陣争いをするとか殊勲をひとり占めをすることはよくないなどと批判されているのである。都の人たちはその点実績で優劣をつけるのだが、関東の吾妻鏡などでは長幼の順など序列を重んじる記載となっているのである。

平氏の処刑

二月九日、義経は少数の武士を従えて急いで入洛した。これは一の谷で獲得した平氏一門の首を都の大路を渡って都の人に見物させるためであった。こうしたことは義経にしても範頼にしても当然のこととして「奏聞」したが多くの公卿たちは平氏のことをおもんばかってか反対であった。いろいろな理由のなかで義仲と平氏とでは罪状が違うし、平氏は天皇家の「外戚《がいせき》」(母方の親戚)であり、しかも「神器」(いわゆる三種神器)はいまだに先方にある関係からこれ以上平氏に恨みを買うようなことはしたくないというのが本音のようであった。

もっとも、さきに述べたように源氏が木曽とたたかっている間に平氏が勢いを盛り返したとして院の近臣をはじめ多くの公卿たちはそれに期待して音信を通じていた者が多かったというから、内部でも仲々一致できないという事情もあったようである。しかしこの点に関しては義経も範頼もともに譲れないとして十三日には重だった平氏の首が次々と都大路を渡って六条室町の義経邸に集められたという。その首は、平通盛、忠度、経正、教経、敦盛、師盛、知章、経俊、盛俊等であった。その後みな八条河原に持って行き大夫判官仲頼以下がこれを受け取り長槍刀につけまた赤札に姓名を記し獄門台にかけ、見物人が市をなしたという。

さて、今度の「一の谷の合戦」についての範頼、義経の飛脚の「合戦記録」による報告では先きにみたように多くの人が命を落としたという。宗盛《むねもり》以下は海上に浮かび四国の方に逃れ、本三位中将重衡は生け捕りとなり、通盛・忠盛・経俊の三人は範頼軍が討取り、経正・師盛・教盛の三人は遠江守義定《よしさだ》軍が討取り、敦盛・知章・業盛・盛俊の四人は義経軍が討取ったという。その他一千余人が梟首《きょうしゅ》となったという。なお、三月末になって頼朝は義仲追討賞として従五位下より正四位下に叙せられている。

平氏側はこの合戦をどうみたか

平氏側ではこの合戦をどうみていたのであろうか。この合戦にあたって安徳天皇とともに沖合の船上にあった宗盛は讃岐国屋島に落ちのびている。宗盛は神器の返還を求める後白河法皇にあてた返事の中で今度の合戦のあり方について若干の抗議の意志を表明している。

彼によれば後白河法皇が一種の休戦命令を出したということを聞いて、平氏側ではそのつもりでいたところ突然の襲撃が行われたためこちらは予想以上の損害をこうむってしまった。これは一体どういうことなのであろうか。もっとも理解に苦しむのは関東側の武士たちに休戦するよう命令が下されたのであろうか。それとも命令は出されたが関東方の武士たちは承知しなかったのかどうか。それとも平氏方を油断させるための謀略をめぐらせたのか。このところの経過をみるとどうも疑念が生じる。今後もあることなのでことの子細をうかがっておきたいといっている。

これは平氏側の油断というもので、軍事上ではこうしたことはよくあることで、後白河法皇にしてもこうした戦法を指示し規制を加えることはほとんど無理だということを知るべきだったのである。

頼朝上総介広常の殺害を命ず

この「一の谷の合戦」勝利後、二月十八日の宣旨《せんじ》で頼朝は諸国七道、すなわち全国のすべての地域の武士の年貢などの横領や狼藉停止命令とその違反者に対しては罪科に処すことの権限を委託する旨の勅令を得たのである。こうして全国の武士の頂点に立つ首長＝棟梁《とうりょう》として指示命令することができることになったのである。

もっとも、内部問題としてはこの勅令発布の三ヶ月程前に、頼朝は梶原景時に命じて、挙兵以来功績もあり東国では最大の勢力を誇っていた上総介広常《かずさのすけひろつね》が双六《すごろく》に興じているところを襲わせて殺害している。理由は謀叛を企てたということであったがまもなく無実であることがあきらかとなった。彼は頼朝の挙兵時に三浦義連《よしつら》より頼朝に対して「下馬之礼」をとるようすすめられたとき「公私三代の間」そうしたことはやったことがないといい放った人物であって、以前から京都の「朝家」との交流や交渉に熱心に務めようとする頼朝の立場からすると困った人物でもあった。後年、頼朝は後白河法皇との面談の折りに、自分の皇室に対する忠誠心の証としてこの広常を殺害したことを報告したという。その時、「朝家」に対して謀叛心をもっているような人物を家臣にしておくのはよくないのでといっている。実際、頼朝は義仲を討滅したあたりから結集した武士たちも、おおむね頼朝の支配に服するようになっていたが、往々にして自立心の強い者があらわれると本人のみならず一族のものたちに対しても遠慮することなく抹殺することをためらわなかったのである。このあたりでは一一八四（元暦一）年六月、甲斐源氏の武田氏の嫡流でこの合戦でも功績のあった一条忠頼《いちじょうただより》が頼朝の面前で殺されている。その理由は「威勢」あるあまり、世をみだす志しがあるということのようであった。その間、忠頼の共侍新平太ならびに甥の武藤与一や山村小太郎なども殺されているし、翌日には信濃源氏井上太郎光盛が東海道を下ってくる途中の駿河国の蒲原駅で殺されている。これは忠頼に「同意」の聞えがあるというので、日頃は在京していた光盛が下向するのを待って、厳命されていた船越の輩などに討ち取られているのである。

　この項を終るにあたって、頼朝が広常を殺させた理由を述べたという一文をのせておくことにしよう。その記述はよく引用する慈円《じえん》の「愚管抄」である。

「院ニ申シケル事ハ、ワガ朝家ノ為《タメ》、君ノ御事ヲ私ナク身ニカヘテ思候シルシハ、介ノ八郎ヒロツネト申候シ者ハ東国勢人、頼朝ウチ出候テ君ノ御敵シリゾケ候ハントシ候シ、ハジメハ、ヒロツネヲメシトリテ、勢ニシテコソカクモ打エテ候シカバ、功アル者ニテ候シカド、オモヒ廻シ候ヘバ、ナンデウ朝家ノ事ヲノミ身グルシク思ゾ、タダ坂東ニカクテアランニ、誰カハ引ハタラカサンナド申テ、謀反心ノ者ニテ候シカバ、カカル者ヲ郎従ニモチテ候ハバ、頼朝マデ冥加候ハジト思ヒテ、ウシナイ候ニキトコソ申ケレ（後略）（傍点著者）

　右のようなもので、後白河法皇に対する頼朝の忠誠心のあらわれとして頼朝が「朝家」のことのみを問題とするという意見をもっている武士を梶原景時に討たせたといっているのである。この頃では広常にかぎらず頼朝にとって危険とみなされた者たちはこのように殺害されたのである。

第六章　頼朝の御家人対策

京下りの文士たち

頼朝は流人《るにん》の身である頃から京下りの「文士」（役人）たちを仕えさせ、彼等は書記などの仕事にたずさわっていたのである。関東武士がどの程度文盲だったかは定かではないが、「文」よりは「武」の方が得意であったようであるから、そうした方面に強い「文士」や「僧」の助けが必要となった。とくに多くの武士が結集するとなると裁きや国の律令に詳しい人が必要となり、事務量も多くなり、頼朝としては熱心に京都下りの「文士」や都の下級官吏に働きかけたし、周辺の武士たちからも適当な「文士」の推挙を求めていたのである。大和判官代邦通などは早い時期から「右筆《ゆうひつ》」として頼朝に仕えていたが、彼については「洛陽放遊客」などといわれ、頼朝の側近である安達盛長が因縁あって推挙し頼朝に仕えることになったという。

一一八三（寿永二）年十月に、義経とともに京都攻撃の指揮にあたった中原親能《なかはらちかよし》は法律家の中原家の明法博士《みょうぼうはかせ》広季の子として生れたが、幼時から相模国《さがみのくに》で養育されたのが縁で頼朝とも関係ができ、その後は都に出て下級役人となったが、頼朝の挙兵直後に平氏より逮捕されようとしたがうまく逃れて鎌倉に下って頼朝に仕えることになった。親能は京都に馴れていることもあって合戦参加というよりも京都との交渉などにあたっていたのである。彼については右大臣兼実《かねざね》と親しい前中納言源雅頼《まさより》によれば、彼は明法博士中原広季の子息でいまでは頼朝の近習者となって今度は関東方の陣の「行事」として上洛し、一一八四（寿永三）年一月末に会った時には頼朝の意向としては天下をただすのであれば右大臣（兼実）が世を統治すべきでそれには自分は異議はないといっていたと伝えている。

なお、この親能についてさらにつけ加えれば、一一八一（養和一）年頃、頼朝が挙兵してまもなく「知音《ちいん》の者」であることが問題となり都の前中納言雅頼亭に寄宿していたことから平氏に急襲されたことがあり、頼朝とは「甚深之知音」の者で伊豆国で同宿したことがあるということと、なんと前中納言雅頼の「家人」で左少弁兼忠乳母夫であるという経歴の持主であった。

いずれにしても、頼朝としては権力としての体裁を整えるにしたがって前述したように事務量も多くなり「文士」も必要となってくるのである。なお、親能の一一八〇（治承四）年頃のことをいうと、治承三年の平氏のクーデターの翌年の一二月、中納言を辞退した源雅頼の亭宅で狼藉事件が起きた。兼実によれば早期に平氏の勇士が訪ねて追捕狼藉に及んだという。しばらくして平時実（平時忠《ときただ》の子息）の制止で勇士は退散したが、このようなことが何故に生じたのか当の時実にたずねたところでは齋院次官《さいいんのすけ》親能という者がこの殿中にいるとのことで尋問したいということであったという。雅頼はその男は去夜宿直のため在宅のはずとの答えであったが時実がいうには夜半に門外に出たままその後はもどってこないという。また平宗盛《むねもり》から確かにこの殿中にいるはずといわれて捜したがみつからなかったという。そのため父の広季の許にも勇士を遣わせて捜したが結局みつからなかったという。そのあとは使庁に任せたという。このように親能を平宗盛までが指示し捜索させたが、雑色《ぞうしき》一人搦め取りそのあとは使庁に任せたという。このように親能を平宗盛までが指示し捜索させたが、これは「謀叛主頼朝」と知音という経歴の持主であったから子細を尋問する必要があったようである。

このような「文士」についていうと、都の固定された下積みのままで才能ある下級官人たちのなかには、東国の新天地で自分や一族の運命を切開いて行こうとする人物があらわれてくるのも自然のなりゆきであった。大江広元や以前から頼朝と連絡をとっていた三善康信《みよしやすのぶ》はこの年の三月から活躍しはじめたのである。

大江広元は学問・法律の家である大江家に生まれ、生母が再婚したため中原広季の養子となり、すでに述べた中原親能の義弟となったのである。太政官の書記官（少外記）を務め親能との関係から鎌倉に下り、一一八四（元暦一）年には頼朝に仕えることになった。彼は根っからの武士では果たし得ない仕事を担当したのであった。

三善康信も太政官の書記官役を世襲する下級貴族の出身で、頼朝の乳母《うば》の妹の子にあたることから伊豆配流中の時から定期的に京都の事情を通報していた間柄であって、広元につづいて鎌倉に下って仕えることになった。周知のようにその直後に鎌倉に政所《まんどころ》・門注所《もんちゅうじょ》（政所は最初は公文《くもん》所《じょ》）を設置し公文所の機関の設立にあたっては広元は公文所別当となり、なくてはならぬ存在となった。三善康信は門注所の執事（長官）に補されたのであった。このような機関としてはすでに四年前に侍所の設置をみているがこの方の長官は武士でもなりうるが今度の二つの機関はそのようには行かないのである。

この他に「文士」出身の武士としては、頼朝の父である義朝《よしとも》の時代に殊功をたてるとともに「文筆」に携わっていたという者もいたのである。ところでこののち頼朝の「家司」のメンバーで「公事奉行人」の一人として三善康信の弟康清を確認することができる。また左近将監《さかんしょうげん》家景は「文筆」に携わる人で北条時政《ときまさ》が在京したおりに仕えた人物でほとんど誤りがなかった程の能吏だったので推挙し、頼朝も認めて仕えることになったという。次は主計允《しゅけいのじょう》行政《ゆきまさ》である。彼の父は藤原行遠で母は熱田《あつた》大宮司季範《すえのり》の妹であって、このような母が頼朝の実家に関係があったことから当初より頼朝に仕えることになっていた。以上が中心的な人物であるが、これらの「文士」はいわば幕府の吏僚となってこれ以降でも重要な役割を果たすことになるのである。

ここで是非ふれるべき点としては、彼らの大部分は有力な武将たちと違っていて叛乱を起こすとかその疑いで抹殺されることはなかったのである。ところが源氏の一門をはじめ、頼朝なきあとでは梶山・畠山・和田・三浦・安達などの有力武将が倒されていくなかでこれらの「文士」の子孫たちはほとんどそういうことがないという特徴がある。これは吏僚特有の性格で、主人がかわってもよりしぶとく仕えて生きのびたからであろう。

それはともかくとして京都の事情に加えて法律・行政に詳しい広元や康信らが加わって頼朝側近の文士たちの質量はともに充実し、十月には待望の家政機関たる「公文所」と「問注所」の建物も完成し、前者の長官（別当）には中原広元《なかはらひろもと》があたり一般政務を、後者の長官（執事）には三善康信が就任し訴訟事件の審理にあたることになり原告被告双方が主張をたたかわせ、それを整理して頼朝の裁決をスムースに行うことを助けることになったのであった。

義経の平氏追討使延期となる

「一の谷合戦」の勝利後は、当然のことながら都では義経が追討使として再任されると思われていた。右大臣兼実などは「九郎、平氏を追討せんため来月（三月）一日西国に向かうべきの由議あり。しかるに忽ち延引すと云々、何の故か知らず」（玉葉）と記している。頼朝としては最初は合戦に長けた義経を中心としてなお瀬戸内海の制海権を握っている平氏に対抗しようとしたようである。だが延期となり京都に駐在したままとなった義経と鎌倉の頼朝との間でとかく意志の疎通が計られなくなってきたのである。後白河法皇としては都にある義経を重要視する傾向がみられ頼朝にとってはそれが我慢がならなかったようである。

頼朝正四位下となる

さて、一一八三（寿永二）年十月にはすでに述べたように頼朝はようやく復官し囚人ではなく頼朝の入洛を期して「勧賞」さえ取沙汰されていたのであるが、翌年の三月の除目《じもく》では義経の使者の報告によれば義仲《よしなか》追討賞として従五位下より正四位下に叙せられたという。これはかの藤原秀郷《ひでさと》が平将門《まさかど》を追討したことにより六位より従四位下に除せられた例によったという。恐らくは頼朝が求めていた征夷大将軍《せいいたいしょうぐん》の宣下は後白河法皇の意向によって後日ということになったのであろう。

もっとも、これより一ヶ月程前の二月には国務等に関する頼朝の四カ条が都の泰経朝臣の許に送られていて、その二項目では畿内近国の武士たちに対して在京中の義経の下知に任せて従うよう命じていただきたい。さらに海に強い平家を討つことはたやすいことではないが、急ぎ義経を追討使に任命していただきたい。また自分の義仲追討賞については後日に申しあげたいと述べ、ここではあきらかに後白河法皇にうけのよい義経に対しても追討使の任命を要請しているのである。

頼朝、清水冠者義高を殺害させる

次に「一の谷合戦」後の翌年の前半で頼朝が行った事件の二つについてすでにふれていることではあるがのべておきたい。一つはこの年の四月、頼朝は義仲の子息清水冠者義高《しみずのかんじゃよしたか》を殺させているのである。義仲なき後では義高は全く無用の人であり、このままにしておけばいつかは報復されることを恐れたのか義高を殺害させ、その結果として、頼朝の息女大姫《おおひめ》との仲は無慈悲にもさかれることになったのである。他方でその前年の十二月頃、すでに述べたように上総介広常《かずさのすけひろつね》も梶原に命じて殺させているのである。有力な武将や源家一門の者でも頼朝はこのように殺害させているのである。

頼朝三ヶ国の知行国主となる

他方でこの年の六月に頼朝は武蔵国・駿河国・三河国の三カ国の知行国主になることが認められている。知行国主となることはその国の国守（長官）に意中の人物を任命することができるので、この場合は三河守には源範頼《のりより》、駿河守には源広綱、武蔵守には源義信が要請通りに認められている。

実はこの件はこの年の五月に院の近臣高階泰経《たかしなやすつね》に書を送って頼朝の恩人の子息平頼盛《よりもり》およびその子息の解官の解除と前述の三ヶ国の知行国主となることの要請を行ったのである。その結果、この源氏一門の三人をそれぞれの国の国守（長官）としたことは一面では一族優遇といえないでもないが、こうしたことができるということは頼朝が鎌倉武士の首長としての地位と自信とがたかまったことを意味するのである。というのは同じ源氏でも一条忠頼《いちじょうただより》のような扱いをうけなかった者もいたし、平氏追討・義仲追討の最大の功労者である義経が申請されていないことにみられるように同じ源氏でも差別がみられるのである。

再度いうことになるが義仲の追討とそれにつづく一の谷合戦の殊勲者というからには義経を除外するわけにはいかないはずであるが、その第一の功労者である義経が除外されていること、そこに頼朝の恣意を読みとることは容易である。なかでもしばしば叱責されていた範頼は義経がしきりに任官を希望していたのに許されず、自分がさきに任官したのを喜んだという。与えられた知行国が三つだったので長幼の順として範頼をさきにしたということも考えられないではないが義経にとってはこの間の合戦の功績が認められなかったとして傷ついたことは確かであろう。

伊賀国で平氏の乱おこる

ところが七月初めには頼朝は宗盛以下の平氏追討のため、義経を西海に派遣することを後白河法皇に申し出ている。任官問題では義経を推薦しなかったものの義経の武人としての能力は認めざるを得なかったし、認めていることを示す必要があったのであろうか。このところの義経の評価は都ではたかかったし、その上に後白河法皇の寵愛も深かったことを知り抜いていた頼朝としては、義経を推挙することが得策ではないかと判断したからであろうか。

ところでこの七月では前月あたりから不穏な動きがみられるようになった。大内惟義の使者の報告によると伊賀平氏に襲われて多くの武士が殺されたということであった。その後、大内惟義軍は伊賀平氏軍を討ち果たすことができたが出羽守信兼の子息兼衡・信衡・兼時らが都に逃亡したものの八月初旬、洛中の警戒にあたっていた義経軍によって兼衡ら三人とも宿所で殺害されたという。

義経の都での活動

先の合戦で大手の大将軍範頼は鎌倉にもどり、搦手《からめて》の大将軍であった義経は平氏の主だった武将の首を六条室町の義経邸に集めてそこから八条河原に向かって獄門にかけるなどのことを行ったあと、都にとどまって警察的な任務についていたのである。

この間の義経の立場はやや不明なところがあるが、二月には頼朝は院に対して義経の都での仕事として畿内とその周辺の武士たちに対して義経の指示に従うよう命じていただきたいと要請している。そのあとで義経を追討使に任命して西国に遣わすようにとも要請している。この時期の義経の活動をみてみると主として畿内近国の武士などの「違乱停止」の任にあたっていたとみてよいだろう。

またこの間の義経の活動については鎌倉幕府の記録である吾妻鏡でいくつかの事例を見ることができる。さき程の出羽守信兼の子息たちの殺害もその一つである。その他には義経が発給した文書（同年三月から翌年七月まで）が十六通程残っていて、高野山など寺社に対する指示などを行っていることを知ることができる。このことからすると一般には義経は軍事上の戦術にはたけているものの政治や行政には弱いとみられているが、残っている義経関係文書などは右筆の手によるものであろうが、内容の理解なしに発給したとは思われずこうした方面にも一定の能力はもっていたものと思われる。

義経の任官問題

一一八四（元暦元）年八月、頼朝としては内部的な問題を処理する一方で、平氏追討の準備は怠らなかったようで、八月には三河守範頼や北条義時《よしとき》などに対し軍兵を率いて鎌倉を出立させている。範頼は八月末には入京し、九月二日には都を出発している。義経のほうはこの間とくに指示もなくしばらく都にとどまるよう命じられていたのである。これは直接的には頼朝の許可なく「左衛門少尉《さえもんしょうじょう》」に任命されたからであった。

義経は自らの任官問題については使者を鎌倉に遣わして弁明している。つまり、今回の義経の任官問題は自分が所望したわけではなく、度々の勲功に対して朝恩として与えられたものだから固辞することはできなかったといっている。こうした義経の弁明は理解されず、翌年の二月まで約半年間は都にとどまり平氏の追討軍には参加できなかったのである。

範頼養父と会う

ところで八月末に西海に赴く途中に都にちょっと立寄った範頼に興味深いエピソードが伝えられている。それは上洛した範頼に対して一日といえども都に滞在することなく直ちに四国に向かうように堅く指示されたことから起きた事件（？）だった。このように都の人達との接触もままならなかったがため、幼児期に範頼を子として養育していた範季朝臣が範頼に会ったおり、養育して育てたことを話したところそうしたことは聞いてもいないし、知ってもいないと答えたという。範季朝臣は数日後に右大臣兼実のもとを訪れたときに不思議で信じられないこととして話したという。頼朝の命令に忠実な範頼としては、洛中での公卿《くぎょう》などとの接触に極端に警戒するあまり恩人に対しても接触することを恐れ、実際にあったことも知らないといった態度をとって驚かせたのである。

このあと源氏が平氏を最終的に打ち破って範頼も洛中にもどった時には、前と違って範季朝臣の子息達と一緒に洛中にいた敵を攻撃するため出撃するなど幼時にともに育てられたことなどを雄弁に物語る行動をとっているし、範頼の「範」は範季朝臣の一字をとって名付けられたものであろう。範頼が追討使として西海行きにあたり頼朝が一日といえども都に逗留することなく直ちに西海に向かうよう指示したのは、義経や平氏などのように後白河法皇など老獪な公卿たちに接触し搦めとられることを何よりも恐れたからであろう。

後白河法皇と義経

この時期の義経の活動をみてみると後白河法皇との関係を示すものとしては八月に左衛門少尉に任命されたあと、九月十八日には従五位下に昇進し、十月十五日には院内昇殿が許されて正式に拝賀の式をあげている。その式にあたっては義経は八葉《はちよう》の車に乗り衛府三人、共侍二十人の騎馬を従えて庭上で舞い、剣、笏《しゃく》をかかげて殿上に参上したと、当時洛中にあった中原広元より頼朝に報告されている。また十月十五日の大嘗会御禊《だいじょうえおみそぎ》御幸にあたっては義経は供奉《ぐぶ》を務めている。さらにいうと最終盤には義経も平氏の追討に出撃することになり、平氏を西海に撃破する直前に藤原秀衡《ふじわらひでひら》がつけそえてくれた期待の家人佐藤継信《さとうつぐのぶ》を失うことになるのだが、その折りに義経は後白河法皇拝領の秘蔵の名馬大夫黒を僧に与えて戦士を弔うことを依頼したという。その馬は院御厩御馬で法皇が御幸のおりに義経が供奉を務めこの馬に乗りまた戦場に向うたびにものったという。いずれにしてもこれらは義経と院との親密さを示す事例といえよう。こうした点でいうならば行家《ゆきいえ》と義経とは同族の源氏であるばかりでなく叔父・甥の関係であったから結合が深まるのは当然である。

ところで叔父である行家は義仲と頼朝との対立が深まるなかで義仲側につくことになったもののまもなく両者は離半することになり、そうした隙をついた後白河法皇は両者に対する対応に差をつけ、義仲と行家との対立が深まるなかで行家とは終日「双六《すごろく》」を興ずる間柄であったし、恐らくは行家の要望を入れて南都の衆徒に対して平氏に対抗するようすすめて側面から行家を支援したのである。このように血縁関係があるからといっても、政治・軍事上の対立ではそうした結びつきだけでは絶対といったものではなく、むしろそうした関係にあることが競争や対立を深めることにもなるのである。

あとで述べることになるが頼朝と義経との対立が決定的になったとき「この時にあたりて、永く恩顔を拝し奉らず、骨肉同胞の儀すでに空しきに似たり、宿運極まるところか」（傍点著者）と有名な義経の腰越状の一節ではいっているのである。両者が永らくあっていないこと、「骨肉同胞」の儀もすでに空しいものとなってしまったのかといっているのである。

つまり、このように義経をしていわしめたものは自分の側には「骨肉同胞」の間柄しか訴えるものがなかったのである。他方、後白河法皇としては検非違庁などのほかには独自の軍事力を欠いているため伝統的な権威と長らく続いている官僚達に依存しつつ有力武将を味方につけて他武士団などと対抗させなければ安泰ではなかったのである。さらには時としてまだまだ強力な「僧兵」（悪僧）とも論理や伝統で立ち向うことにもなったのである。

一一八四年八月ともなると義仲軍はすでになく、また力をもり返してきた平氏も西国に追いやり、そう遠くない時期に関東の頼朝が軍事上の覇権をにぎるものとみて、後白河法皇としてはそれに対抗する勢力を育成する必要があったのである。実際、義仲の末期には義仲と行家と内部対立が明確となるや行家に接近し、東国の頼朝軍の上洛を促したのである。

つまり後白河法皇は、頼朝など関東に期待しつつ行家に接近し、義仲を牽制し一定の成果を収めたのであった。しかし後白河法皇としてはこのまま推移するならば関東の頼朝が一人突出し、軍事上は勿論、政治上でも覇権を握りかねないため、その点を恐れてこの勢いを阻止するよう秘策を練っていたのである。ねらいは義経となるのだが、範頼とともに頼朝の代官として上洛するにあたり右大臣兼実も最初は知らなかった義経も、義仲やもり返してきた平氏軍を追討することで一躍名声をたかめるようになり、洛中ではあの義仲軍が兵糧確保に行きづまり、略奪行為を行うなどの不評をかったのに対して、義経はそうした準備を行った上で部下の統率もよろしきを得て義仲は勿論のこと兄範頼との差も一段とたかめたのであった。

勿論義経の名声をたかめたのはその戦闘であるが、彼に従っていた郎等たちの働きも忘れてはならない。一の谷の合戦で鵯越《ひよどりごえ》から攻め下っての奇襲作戦によって平氏軍も度を失って敗走することになったのだが、このような険路を義経は三浦十郎義連《よしつら》以下の七十騎の「勇士」を率いて鵯越で一息入れたあとその坂を攻め下ったのであり、その「成果」は義経に帰せられているがその七十騎のなかには奥州の藤原秀衡から託された陸奥国湯庄司の子息佐藤継信《つぐのぶ》・忠信《ただのぶ》兄弟がいたであろうし、伊勢鈴鹿山の山賊であったといわれ義仲の首をとった伊勢三郎義盛など、かたやぶりの従者の存在を忘れることはできない。

勿論、義経のその用兵は大部隊から少数の別働隊をつくりあげ奇襲攻撃をするというのがこのところの常套的手法でそれが成功しているのである。こうした「合戦」の手法は堂々とたたかう当時の戦法とは異なっていた。なお、義経直属の部下としては、前述の三人のほか武蔵坊弁慶《べんけい》、常陸房海尊《ひたちぼうかいそん》といった僧兵＝悪僧や堀称太郎景光、彼はのちに金売吉次の後身といわれた東国武士とは異なった特異な存在の人物などを従えていたのである。

このような従者である兵士たちが義仲や平氏との合戦で力を発揮したことは頼朝からみると有難い半面、疎ましい存在でもあったのである。なお、義経軍のとった戦術には奥州のそれにとどまらず遠くあの勇敢な蝦夷の戦法や悪僧（のちの悪党）の活動を思わせる。

頼朝と義経の対立深まる

こうした事態をあの老獪な後白河法皇が見逃すはずもなく、前にみたように頼朝の命令に盲目的に従っている範頼軍ではなく義経に対して手を打っているのである。このような事情からさき程ふれたように、義経としてはわざわざ鎌倉まで使者を送って自らの任官の事情を弁明しなければならなかったのである。つまりこの任官は法皇から一方的に任命されたため辞退することはできなかったといっているのである。

もっとも、別の所では自分がこのような官位を得たことは源家一門にとっても名誉のはずであるともいっている。

くり返すことになるが義経のこの任官は一般的には頼朝の推挙なしに任官することは許され

なかったのである。こうした方式はかなり古くからあったようで、このことにより武士の頂点に立った頼朝は部下に対する官位任命権を事実上握ったことになるのである。

義経の頼朝の許可なしの任官はいわばこの不文律を破ることで、頼朝を激怒させたことは確かであったが、こうした任官は義経だけではなかったものの、足元の弟が行ったことが問題だったのであろう。もっとも直接的に叱責することはなく頼朝としては冷静さを保っていたように見えるが対立はかなり深まったとみてよいだろう。

官位による序列

頼朝のもとに結集した御家人が多くなると当然にも序列が問題となる。一般的には序列は長幼の順などが問題となるのだが、先程の官位の問題に関していうと「官位相当制」といってある官職に相当する位階というものがいまだに武家の社会でも存在しているのである。頼朝自身、任官を許されて相当な位階を獲得したが、関東御家人にもこの都の「官位」を得る武士が多くなってきているのである。

勿論、その場合には頼朝の推挙が必要となるわけである。しかも、武士たちの序列を決める一つに官位があるが、この他に所領の多寡や従者の人数が問題になる。ここでは官位についてその一例を示すことにしよう。

一一八六（文治二）年正月の鶴岡奉幣における供奉人の着座の席次が問題となったことがある。かの千葉常胤《つねたね》の息子の胤頼《たねより》の方が父よりやや上座であったことが終わったあとの「垸飯」（供応）

の席で武士たちの間で話題となったのである。恐らくは父がやや下座だということが話題となったのだが、これに対して頼朝は平家全盛期に子息胤頼は「従五位下」を得ているから子であっても上座となると説明している。これは一例であって着座の席順や二列の行列の左右などにも官位が重要な意味をもっていたのである。

義経の平家追討使猶予

ところで「官職」や「位階」の任命権者は天皇であって、頼朝の権力が強力になるにつれてその輩下の武士たちに対しては頼朝の推挙なしには官職と位階を得ることはできなかったのである。これはいいかえれば関東の頼朝輩下＝御家人たちからみれば実質的には頼朝に官位任命権があるということになるのである。

したがって、これを犯して朝家から直接官位を得ることは禁じられていたのである。義経の場合はこの千葉氏が話題となった二年程前ではあるが、このことが不文律として確立していたようで、さきほどの義経の使者による弁明は通用しないのであって鎌倉の秩序を破ったことになる。いうまでもなく範頼・広綱・義信が受領《ずりょう》＝国守となれたのは三つの国の知行国主である頼朝の推挙によるものであって、今度の義経の官位は頼朝の許可なしに所望したもので頼朝の意向に背くものと判断されたのである。

こうした頼朝の意向に従わないのは今回にかぎらないとして義経を平家追討使とすることは暫く猶予することになったのである。それ以前の八月六日に頼朝は鎌倉にもどっていた範頼を平家追討使に任命し、おもだった御家人を頼朝邸に集めて餞別《せんべつ》の酒宴を催している。こうして追討軍が京都に着いたのは八月二十七日で、十九日には「朝家」から正式の追討使の官符《かんぷ》が下され、九月一日には西海に向けて洛中を出発したのである。

その数日後頼朝は都にとどまっていた義経のもとに頼朝の乳母の婿にあたる河越重頼《かわごえしげより》の娘を義経に嫁がせるために京都に送っている。この点では義経をこれ以上後白河法皇に傾くことの歯止めの意図もあったようにも思われるが、このことはすでに内定していたのでそれをこの時期に実施したまでという見方もなり立つのである。

いずれにしても、義経に対しては京都に駐在させて都の警備などにあたらせる一方で、河越重頼の娘をかねてからの約束にしたがって妻として家人二人、郎等三十人をそえて京都に送っているのである。この娘は前に述べたように頼朝の乳母として勢力のある比企氏の尼の孫娘にあたり、頼朝としてはいろいろ考えた末の人選ということだったようである。

義経追討使として出陣

義経はこの半年後に平家追討使としてふたたび起用されて西海に赴くことになった。義経の参戦にあたっては後白河法皇は大蔵卿泰経朝臣を渡辺に送ってふみとどまるよう説得にあたらせている。それはかつて奥州藤原秀衡が頼朝のもとに馳せ参ずるのを思いとどまるよう説得にあたらせたことがあったが、それを振り切って頼朝の挙兵に馳せ参じた光景を彷彿させるものがある。

しかしながらこの時も義経の意志は固く泰経の説得は不調に終わったのである。義経にしてみれば「治承四年」の頼朝挙兵の時と同じく清和源氏《せいわげんじ》の流れをくむものとして「武器の家」をうけつぐものとして、源家の再興の最後の合戦には是非とも参加しなければならなかったのであろう。

なお、引きとめる側の泰経のいいぶんとしては義経がいなくなると「洛中」の治安が乱れることと、大将たる者が前線に赴く必要はないのではないか、次将でよいのではというものであった。勿論、義経はこれらの見解を退けて、今度は思うところがあって先陣にたって命を棄てる覚悟だといったというから、父義朝のこと、頼朝との対立解消を計ろうとなみなみならぬ決意だったと思われる。

第七章　平氏敗北後の義経

範頼軍苦戦

九月一日に都を出発して西海に向った範頼《のりより》軍は安芸・周防・長門に進んだ。平氏方の本拠地は讃岐の屋島であって、平忠盛・清盛以来の瀬戸内海沿岸はいわば平氏の強力な地盤であり、瀬戸内海の制海権は依然として掌握していたから源氏側は苦戦することになった。その苦戦の最たるものはそれなりに準備はしていたのであろうが、実際の合戦よりも兵糧や秣《まぐさ》の補給路が長距離のためその補給や調達が思うに任せず困難となり、欠乏をきたしていたのである。

このような経験はかの義仲《よしなか》が大軍を率いて洛中に駐留した折りに兵糧問題の欠乏などで兵士たちが略奪行為に走り孤立したことがあったし、頼朝にしても何度も上洛を要請されながらも義仲の経験から大軍を洛中に駐留させることは問題だとして上洛を断る一つの理由とした程だったのである。その上に、範頼軍としては海上戦を得意とする平氏軍を相手にするには船が不足であるし、陸上戦でも馬が不足し、その双方で苦戦を強いられていたのであった。このため十一月から十二月にかけて西海の範頼の飛脚は兵糧の欠乏と馬の不足のほかに武士の戦意も低下し、不和も生じ故郷が恋しいなどの厭戦気分もただようようになったと訴えている。

壇の浦合戦の勝利

さて、このような状況にある関東の武士たちに対して義経が命を捨てる覚悟で対戦する相手はすでに述べたように平宗盛《むねもり》を大将とする讃岐の屋島の城郭と、平知盛に率いられた門司の関・彦島を本拠とする九州の兵たちであった。二月十一日、義経は例によって精兵百五十余騎を五艘の船に乗せて阿波の椿に上陸し、その地方の在地武士である近藤親家を案内人として讃岐に急行し、屋島の敵陣の対岸に着くとすぐさま牟礼《むれ》・高松の民家を焼き払った。そのため先帝（安徳）らは脱出するのだが、このたたかいで義経軍は内裏《だいり》ならびに宗盛の本陣以下の舎屋を焼き払ったばかりでなく前述のように非戦闘員の牟礼・高松の民家まで焼き払い被害を与えているのである。この火煙と意外な奇襲攻撃に狼狽して平氏軍は陣地を捨てて海上に逃亡した。

このたたかいも、あの一の谷の合戦と同じく義経の少数の精兵＝勇士による奇襲作戦での勝利であって平氏側の予想しない戦法だったのである。ひきつづき田代信綱・金子家忠・同近則・伊勢能盛らとともに、水際に馳せ向かい船上の平氏と互いに矢を打ち合ったという。この間、すでにふれたようにあの佐藤継信《さとうつぐのぶ》・同忠信《ただのぶ》・後藤基清らは平氏が築きあげていた内裏以下の陣屋などを焼き払った。このたたかいで奥州から義経と行をともにしてきた股肱の家臣佐藤継信は討死している。

翌日には平氏は東方の志度湾に迫って志度寺に立て籠もり、後方より源氏軍の屋島を攻撃してきた。義経は例によって別動隊ともいうべき八十騎を率いて追走したところ平氏の家人田内《でんない》教能は降参し、かの伊予の河野通信《みちのぶ》は三十艘の兵船を引きつれて源氏方に呼応してきた。

こうして平氏軍は海上遠く去ることになったため、義経軍は平氏の拠点を奪うことができ、乏しかった兵船に関しては阿波・伊予の在地の武士たちが兵船を率いて源氏方に加わり、この前後に船の手薄さを解消することができたばかりでなく熊野別当湛増《たんぞう》も義経軍に加わってきた。こうして瀬戸内海の東部地域のいわば制海権を義経軍は握ったことになる。どのようにして阿波や伊予の兵船をもっていた在地の武士たちを糾合できたのかはっきりしないが、彼等は平氏側の敗北を予感したからではなかろうか。

屋島を失った平氏軍は関門海峡の彦島を拠点としている知盛軍との合流を計った。それに対して九州の範頼軍とともに義経軍としては挟み撃ちにする予定のはずであったが、敵を目前にして味方の範頼軍は兵糧が確保できないことや、有力武将であるあの和田兄弟などを含む有力なメンバーまでが帰国したがる厭戦気分がひろまり引きとどめるのにひと苦労する有様だったという。

この間、義経軍はどうしたか。兼実《かねざね》の日記「玉葉」では三月二十六日の条で平家は塩飽庄にあって九郎義経がそこを襲撃してきたためたたかうことなく退却し、安芸の厳島《いつくしま》に落着いたところが

壇の浦の合戦

その時の兵力は百騎ばかりになっていたといっている。その理由ははっきりしないが海上に弱い源氏方としては兵船の調達に動いていたはずであるが、そうした成果のもとに三月下旬、義経は船団を率いて周防に到着した。そこから壇の浦に向けて出発しようとしたところ雨がふってきて延期となった。そうしたところに周防国の舟奉行である船所五郎正利が数十艘の船を献上してきたのである。こうした国の役所（国衙《こくが》）の船所の役人の協力は単に兵船の献上だけにとどまることなく海上の水先案内という重要な役目を務めることができる人々を味方にすることができたのである。

以上のことであきらかなことは義経軍はいつしか海にも強い軍隊となっているのに対して、先発の範頼軍は大部分が東国の武士であったため、無力な軍になっていたのである。それに対して義経軍をもう少し説明すれば南海道や山陽道の武士の参加が多く海戦になれた武士と作戦をたてることができたのである。翌日、義経はまず数十艘の船を引き連れて壇の浦をめざして艫《ともづな》をといた。こうして二十四日になって壇の浦の合戦となった。

平氏はこの海戦で敗北したがこの時の前内府（宗盛）の子息清宗らはかの義仲を殺害した義経の家人である伊勢三郎能盛に生け捕られている。また後白河法皇も頼朝とともに気にかけていた内侍所《ないしどころ》と神璽《しんじ》（鏡と玉）は無事であったが宝剣はまだ見つかっていない。

いずれにしても源氏は屋島・壇の浦の合戦で見事に勝利することができたがこの勝利に決定的な役割を果たしたのはいうまでもなく義経軍であった。頼朝はただちに指令し範頼は九州にとどまって平氏のかつての所領の没収などを含む戦後の処理にあたらせ、義経に対しては「神器」や平氏の中心であった宗盛や一族の捕虜とともに上洛するよう命じている。

ところで壇の浦合戦の海上での戦闘は源氏方八百四十余艘と平氏方五百余艘の兵船で行われ先帝（安徳天皇）が海底に没したほか、二位尼（清盛妻）・教盛《のりもり》・知盛《とももり》・資盛《すけもり》・有盛《ありもり》・行盛《ゆきもり》が水没し、建礼門院《けんれいもんいん》（安徳天皇の母）や重衡《しげひら》の妻は助けられている。生け捕られた主な人達は前内大臣宗盛、平大納言時忠《ときただ》、右衛門督《うえもんのかみ》清宗、前内蔵頭信基《くらのかみのぶもと》、左中将時実、兵部少輔尹明《ひょうぶしょうゆうこれあき》、宗盛子息副将丸（六歳）此外美濃前司則清《みのぜんじのりきよ》、民部大夫成良《みんぶだいゆなりよし》、源大夫判官季貞《みなもとのたいふほうがんすえさだ》、摂津判官盛澄、飛騨左衛門尉《さえもんのじょう》経景、後藤内左衛門尉信康、右馬充家村など平家以外の武将も生け捕りにされている。女房では帥典侍《そつのてんじ》（先帝御乳母）、大納言典侍重衡卿妻、帥局（清盛の妻の妹）なども捕えられている。僧では僧都公真《そうずこうしん》、律師忠快《りっしちゅうかい》、法眼《ほうげん》能園、法眼行明、熊野別当などで以上は宗たる者たちでその他の男女は追って注進すると義経の報告書（「一巻記」といい、文士である中原信康が記したもの）は述べている。なお、当然にも逃亡した者は多数にのぼっているはずである。

兵糧米の問題

先発の範頼軍は兵糧米問題などで苦しみ戦意の低下と厭戦気分が生まれたといったが、こうした経験は彼の義仲が大軍を率いて京都に駐留したときにも経験した問題であった。実際、平氏を追撃するにあたって伊沢五郎の鎮西《ちんぜい》からの頼朝に送られてきた書状によると、平家追討のため長門国に入ったところ飢饉で食料が無く安芸国に退いたといっているのである。

これは平氏が壇の浦で敗れる一ヶ月程前のことであり、官軍であっても長門では兵糧米の徴収が困難だったからであろう。同時期に使節として中原久経と近藤七国平が上洛しているが、これは都の周辺の散在の武士が平氏追討にあたって、兵糧と称して狼藉を働き諸民が愁嘆しているためでまず中国辺の十一ヶ国を鎮め、九州や四国にも行くことになっているというのである。

この問題は平氏を敗ったあとも土民（農民）たちの兵糧米の「未進」が問題となり、荘園領主からも年貢運上にさしつかえがあるとして兵糧米未進の免除が求められているし、翌一一八六（文治二）年の三月には兵糧米を農民から徴収することは停止されることになったのである。そこであきらかなことはこの時代の官軍の軍費＝兵糧米などの大部分は農民の負担によっておこなわれていたのである。

ここで後述するところと重なることになるがこの合戦の結果についてふれておこう。平氏方の大将軍九人が梟首《きょうしゅ》されているのであるが、それは桓武平氏《かんむへいし》の通盛《みちもり》・忠度《ただのり》・経正《つねまさ》・教経《のりつね》・敦盛《あつもり》・師《もろ》盛《もり》・知章《ともあき》・経俊《つねとし》・盛俊《もりとし》であって其外千人あまりの武士＝平氏方が戦闘で倒れているというし、非戦闘員にもかなりの被害があったと考えられる。

もっとも、平氏軍の中心人物であった宗盛らは四国の方に逃れ、本三位中将重衡は明石浦で梶原景時・家国らによって生け捕られ、のちに関東に送られかなりの期間狩野介宗茂の許に預けられていたが、南都衆徒の申請により南都焼打ちの責任者として殺害されている。

東国武士の任官問題

四月十五日には鎌倉の頼朝の許に壇の浦の勝利の知らせがきたが、その四日後に東国の武士で少し前の義経のように許可なく「官位」を得た武士の処分が行われた。つまり、兵衛尉《ひょうえのじょう》、衛門尉、馬允など「朝家」の官職を得た二十五名に対して尾張・美濃（東国との境界）の境にある墨俣川以東の下向を禁止し、もし下向する者があれば一生懸命の地を（本領）没収して斬罪に処すというきびしい命令が下されている。

しかも二十五名のそれぞれの名前の下に頼朝のきびしい叱責のいわばコメントがついているのである。一例をあげればかの義経の部下で大功のあった佐藤忠信について「秀衡《ひでひら》の郎等で衛府を拝任せしむる事、往昔よりいまだあらず」と「兵衛尉」の任官が叱責されている。この忠信の兄は戦死し、彼は奥州藤原秀衡が義経のために送った家人の一人だったのである。昔より秀衡の郎等ではこうした任官はいままでなかったとの表現には奥州の秀衡などに対するある種のにくしみを感ずるのである。つまり秀衡と義経の従者＝家人の分際での任官を問題視しているように思われるのである。

もっとも、この時は八田知家や小山朝政など東国の有力武士も鎮西下向の折りに京都で道草して任官を求めるさまを、駄馬の道草食いの如きものと酷評しているのである。

ここであきらかなのは平氏方の没官領《もっかんりょう》を確保するとともに「任官」を希求する武士が多かったことが知られるのである。すでに述べたように関東御家人の序列は席次などにあらわれ、どこにすわるかなど着座の位置が問題となる。序列は同じ位だと長幼の順が問題となり、挙兵時に早くから参加しているとか「官位」によるとかで決まるので上座を求める者にとっては所領の確保(新恩)とともに「官位」を求めることになるのである。後になると「座次相論」も起きるし、二列の騎馬隊の行列ではどちらが左かで争ったり、希望の場所に位置づけられないため、逃亡する者も出たこともあったのである。

義経の任官問題でふれているのでここではこの問題の説明は省くことにするが事実上の任命権をもっている頼朝はこれで御家人武士を統制したが、他方では武士の任官希望が強く直接「朝家」より官位(関東では違犯)を得たのはひとり義経だけではなかったのである。

なお、つけ加えるならばこの二十五名の任官者の他の頼朝の許可なく「朝家」から拝任した者に関して「何官何職」でどの文武官に任じられたのか解らない者がいてそれらは名簿にのせることができなかったといっているのである。これは平氏の最終的追討の直後であったためだからといってもよいであろう。なお、官職や位階の拝任にあたっては「任料」(一種の成功銭)が決まっていて、武士たちは「成功銭」か京都などで「労役」などを務める必要があったのである。兼実などは成功銭依存のこの時期の国家財政のあり方（売官）を憂いているなどの事態が生まれているのである。なお、鎌倉初期では関東の武士のなど任官は頼朝のもとで審査し推挙される必要があったのであって、これを犯すと「自由拝任」として処分をうけることになったのである。

梶原景時の讒訴

前後することになるが壇の浦合戦勝利の報告は京都からは例の大蔵卿泰経朝臣より義経が平家を誅伐したと院に言上されており、関東には義経の「一巻記」（中原信康執筆）によって報告されている。注目される点は義経の報告であって範頼ではないことである。これはこの合戦の最大の殊勲者が大手の大将軍範頼ではなく、搦手《からめて》の大将軍義経であったからであろうか。その「一巻記」には海に入水した人々、生け捕りの人々など主なる人々の各簿が注進されている。

こうして壇の浦でのいわば公式の報告をうけ鎌倉では評議の結果、範頼は九州に暫くとどまって戦後の処理、平氏方の所領の没収（通常は勝者は敗者の所領など恩賞地にするため没収する）などを行う。義経に対しては例によって平氏の捕虜などを連行して京にのぼることを決め、その旨を飛脚で現地に指示している。

ところで四月末になって梶原景時の飛脚が鎌倉に到着している。これが有名な梶原の讒訴《ざんそ》といわれるものである。その報告は侍所の責任ある地位の者として義経のそれとは別になされたもので、まず、今度の勝利のめでたいことが起る前ぶれのあかしとしての「吉兆」のあったことを知らせ、今回の勝利が神明の冥助によるところが大きいとした上で義経について頼朝に愁訴してい

るのである。その内容は判官殿《ほうがん》（義経）は君（頼朝）の代官として御家人武士をそえられて合戦をとげられたのにもかかわらず

「しかるに頻りに一身の功の由を存せらるといへども、ひとへに多数の合力によるか、いはゆる多勢は、人ごとに判官殿を思ふにあらず、君を仰ぎ奉るの故に、同心の勲功に励みをはんぬ。よつて平家を討滅するの後、判官殿の形勢、ほとんど日ごろの儀を超え過ぐ、士卒の所存、みな薄氷を踏むが如し、真実和順の志なし、なかんづく、景時は御所の近士として、なまじひに厳命の趣を伺ひ知るの間、かの非処を見るごとに、関東の御氣色（頼朝の意向）に違ふべきかの由、諫め申すのところ、諷詞かはつて身の讎《あだ》となり、ややもすれば刑を招くものなり」（傍点著者）

といったもので、このあと合戦勝利後の今では景時としては義経に仕える必要もないので早く御免を蒙って鎌倉に帰りたいとまでいっているのである。

景時の批判の中心点は義経は今度の合戦の功績を独り占めして「一身の功」のように思っているが「神明の冥助」と「多勢の合力」であることを忘れているということにある。「神明の冥助」は別としても合戦は確かに多数の合力によるものではあるが、他方で統一のとれた指揮官の的確な指示命令による行動も重要である。そうした点でどうかということをこの梶原の書状は語っていないのは問題で「神明の冥助」といわざるを得ないところにそれは示されている。しかも自分を含めて皆が主君である頼朝に忠節をつくそうとしているのに義経は……、といったかたちで問題にしているが、遠く離れた頼朝の指示にしたがったならばどうなったか。それは範頼軍のこの間のたたかいを見れば充分あきらかである。

しかも、今度の合戦で多勢の武士は判官殿に忠実であったわけではなく、君（頼朝）を思うが故に同心し勲功をあげるためにたたかいに励んだなどと頼朝をくすぐるような報告もしているのである。また景時は頼朝の厳命を忠実に履行している立場からいさめたが聞き入れられなかったといっているが、「かの非処をみるごとに」の非処とは何を指すのか解らないが、遠く離れた頼朝の指示がすべて有効かどうか疑問なのである。

吾妻鏡によると今度の合戦にあたっては、二人の大将軍の軍士の奉行を行うために侍所の別当和田義盛と所司の梶原景時をそれぞれに範頼と義経につけたが、範頼の場合は頼朝の仰せに背かず大小のことを千葉常胤《つねたね》や和田義盛と示し合わせて行っているのに対して、義経は自分で決めて頼朝の命令を守らず偏に「我意」に任せて自由にふるまっている。そのために義経を恨んでいる者は景時にかぎらないともいっている。

しばしばふれてきたのであるが、こと合戦でいえば義経のその戦法は支配下の武士を別働隊に組織し、奇襲戦を得意とするもので、当時の武士の戦法とは異なったゲリラ的なものだったのである。その点では関東の生え抜きの侍所別当の和田氏や所司の梶原氏にとっては破天荒の奇襲作戦であり手柄を一人占めするようにうつり、そうした態度は許せないばかりでなく侍所の長官や次官のメンツもつぶされたと感じたに違いない。

少し場面は違うがその後の奥州合戦において「朝家」から仲々追討の許しがでなかったとき、大庭景能の意見に従って事を決したことがあるが、それは「軍中は将軍の命令に従い、天子の詔は聞かず」というものだったのである。この場合の「天子」を頼朝におくことが可能であれば、義経の行為は正統化しえるのである。さきの義経の評価は梶原景時など「近士」（側近）たちの評価であって義経からすれば、軍司令官としては何よりも勝利のためには必要のことをやったまでで当然の行動だと思ったに違いない。しかも自分の武略や力量に自信をつけて来た義経にしてみれば、侍所の所司であるとはいえ大将軍として一々相談する必要を認めなかったし、刻々と変動する戦局の情勢判断については現地の判断が優先され任されているものとして、わざわざ遠方の頼朝に指示を仰ぐ余裕も必要もないと思っていたのであろう。

実際、頼朝その人についていえば、いわゆる政治力は徐々に身につけてきたし、「文士」たち側近にささえられて洛中の動静もよく把握していたことは確かであるが、戦場に立った経験のほとんどない頼朝の指示が、合戦に関してそれがあたっていたかどうか、あたっていたとしても、そう簡単に受け入れられたかどうか疑問であろう。とくに今度の合戦は関東武士の不得意な海上でのたたかいであって、その方面の経験のある瀬戸内海に近接した武士たちに多く依存せねばならなかったのである。

凱戦後の義経

義経はその年の四月二十四日に神鏡（内侍所）と神璽（鏡と玉）をたずさえて都に入り、翌二十六日には平宗盛・時忠・清宗の捕虜を土肥実平《どひさねひら》・伊勢能盛が車の前後を護衛し、その他の勇士が車を囲んで入洛し、一同悉くが義経の六条室町亭に入った。その数日後に頼朝は雑色《ぞうしき》吉枝を西海の田代信綱の許に遣わし書状を届けさせている。それは義経の独断の命令などによって恨みをいだいている面々に対して、関東の頼朝に忠節を尽くそうと思うものは義経の命令に従わないようにと内々に触れるためであったという。これは裏をかえせば、義経の戦術などを慕う有能な武士たちが生ずるのを防ぎ頼朝の側近に引きつける必要を感じたからであろう。

五月四日には景時の使者は鎌倉からもどってきたがその時の頼朝の指示は義経はすでに「罪人」として扱うことにしているので、今後は義経の命令に従わないようにしなさいというものであった。ただし平氏の捕虜が洛中にいるのでこれは目下の重大事であるからその罪名が決まるまでは景時をはじめとして義経に従っている武士はみな心を一つにして守護し勝手に国許に帰ってはならないとあったという。

翌日、西海の範頼に対しては飛脚を出してまだ発見されていない宝剣の捜索を命じ、冬頃まで九州での活動にあたるよう指示している。それと同時に範頼・義経が平氏追討の院宣《いんぜん》をうけてから範頼は九州、義経は四国を支配するよう定めたのに、義経は壇の浦の勝利後、九州の範頼の務めを奪ったり、支配下の東国武士に対しても頼朝を通さずに成敗していると聞く。そのような私的な命令は許しがたいので、すでに頼朝の「気色」（気分）を損じていると伝えているという。こうした頼朝が義経を罪人として糺弾するという知らせは都にも伝わっていたようで、義経としては異心ない旨の起請文《きしょうもん》を献ずるため、五月七日に亀井六郎を都から使者として鎌倉に遣わし、その後、これは側近の大江広元に提出されている。

こうしたことはすでに公文所《くもんじょ》制が確立していて政治的な問題はここで処理するため、義経であっても兄頼朝に直接訴えることはできなくなっていたのである。

だがこの義経の起請文によっても頼朝の怒りは鎮静化することはなかった。というのは範頼は西国からしばしば飛脚を遣わして子細を報告して決して自由な振舞いを行わず頼朝の意志が通じていたのに対して、義経は勝手にことを進めていて今になって頼朝の機嫌を損じたとして起請文を届けてきたとしても、その結果は許すどころかかえって怒りを増すことになったというのである。

また義経の立場を弁明してあげるとすれば、彼が参戦したのは範頼軍が苦戦したのを助けるためであり、時期的には二月中旬であって、三月二十四日には平氏は全滅し、その間わずか四十日たらずに過ぎないのである。したがって、西国にある義経としてはいちいち指示を仰ぐのは不可能なのである。

義経の立場

ところでこの義経の起請文が鎌倉に着いた日は、「朝家」が平宗盛父子の処分を鎌倉に告げる日であって、この平氏の最高責任者をともなって義経が都を出発した日でもあった。その直後に渋谷重国《しげくに》の子息の重助が頼朝の許可なしに任官したことが問題となっている。父重国は石橋山の合戦の時には頼朝と対立し平氏方であったが許されて仕えてきたものの、子息重助はなお平家に属し、ついで義仲の敗死後は義経に従って「専一之者」とまでいわれていたという。

このように条々の問題があるにもかかわらず優秀の兵士であることから許してきたが壇の浦の合戦の後に無断で任官したという。父重国の方は豊後国に渡って「先登之功《さきがけのこう》」はあったものの範頼に先立って上洛し、その行動はいたく頼朝の機嫌を損じたという。これら渋谷父子、とくに重助が義経の「専一之者」になっていたことは義経に対する頼朝の心証を害したようである。

さきに問題とした二十五名程の無断の任官者のなかに渋谷重助も問題とされているのだが、実はその時のメンバーに秀衡の郎等で義経の有力な家人であり、今度の合戦でも功績のあった佐藤忠信も二番目に名を連れていることはすでにふれている。こうしたことも頼朝の義経に対する怒りとなっていたようである。

五月十一日、平宗盛を捕虜としたことにより頼朝が四月十七日に従二位に叙せられたとして除書が一条能保《いちじょうよしやす》（妻が頼朝の父義朝《よしとも》の娘）によって鎌倉に届けられている。この位階従二位は七十歳を越えた叔父源頼政《よりまさ》の三位をこえて源家では抜群のものであった。

この四日後の十五日夜に義経一行は酒匂《さかわ》駅につきその翌日に鎌倉入りをしたいとのぞんだが、鎌倉からは頼朝の舅の北条時政《ときまさ》が御使として酒匂駅に来て宗盛父子を受けとるにとどまり、義経については使者の小山朝光が鎌倉入りについてはしばらくそのあたりで逗留し指示があるまで待つようにと伝えている。

その翌日に宗盛父子は家人則清らと鎌倉入りし父子の居所は頼朝の西の対であった。鎌倉では神器の鏡などの無事返還に功績のあった平時忠については罪一等を減じて流罪とし宗盛以下一同は死罪に決したとの通知をうけていた。

ところで義経と同じ日に都を出発していた一条能保の侍で後藤新兵衛尉基清という者が同行してきていてその「所従」と義経の侍で義仲追討以来大活躍した伊勢三郎能盛の「下部《かぶ》」とが、初めは馬が足を踏んだというような、ほんの些細なことから口論となり、腕力沙汰から遂には後藤基清と伊勢能盛との間で雌雄を決するまでになり一条能保と義経の双方でようやく争いを鎮めてことは納ったが、この争いは知れ渡り義経の股肱《ここう》の臣である伊勢能盛の郎等の驕慢な振舞として一条能保をとみに重んじていた頼朝の機嫌をいたく損ずることになったという。というのは今後の都との交渉で鎌倉側として能保はなくてはならない人であって、大いに歓待しようとしていた矢先の出来事で困惑することでもあったのである。

こうして義経に対しては十日間も鎌倉入りが許されず腰越にとどめられ、その間に何の連絡もなかったのである。義経としては院と頼朝の命令、従って最大の宿敵平氏を倒し、捕虜として敵将宗盛を護送して久しぶりに兄頼朝に会うべく都から下ってきたのに、会うこともできず不信の念をいだかざるを得なかった。兄はすでに「従二位」という位階に叙せられ、義経にしても当然にも賞があってよいはずが、鎌倉入りすら許されぬとは誠に意外な結果であった。こうしたことから義経は有名な腰越状をしたためて中原広元に送ったのである。この書状を果たして頼朝が読んだかあきらかではないが、義経に対しては「分明の仰せもなく追って沙汰する」というものであった。ではこの腰越状には何が書いてあったのか、以下紹介してみよう。

腰越状

義経の生い立ちや少年期を除いた腰越状の主旨は、まず今度も代官に選ばれて勅宣《ちょくせん》の御使として朝敵平氏を打ち破り代々弓箭《きゅうせん》の本領を発揮して恥辱をはらすことができた。その戦功の詳しい説明を求められ厚い恩賞に預かるものと思っていたところ案に相違して大変危険な讒言《ざんげん》によって勲功も無視され犯すこともないのに咎《とが》をこうむることになったと述べ、拝顔することもかなわず「骨肉同胞の儀」も空しいものとなったと嘆いているのである。

またみずからの半生をふり返ってこの世に生をうけていくばくもなく父義朝を失い「実なき子」となってからの経過を述べたあとで、平家一族の追討に参加し木曽義仲を討ち破ったあとの平氏追討のために払った苦心を語り、年来の宿望を遂げたあと五位の尉に任命されたことは「源家の面目」であり「希代の重職」であって、これに何事もつけ加えることはないとしてさらに数通の起請文を書いて広大な御慈悲によって「芳免」(許)されることを切望しているのである。

すでにふれているところであるが義経は「骨肉同胞」の間柄を重視しそれに期待していたが、頼朝の立場は政治的な関係を重視しているため、時にはそうした「骨肉同胞の儀」も一顧だにしないという政治の世界の非情さをここにみることができるのである。

いずれにしても腰越状をもってしても頼朝の許しを得ることができなかったのである。しかし義経は六月九日、連行してきた平宗盛以下の平氏の捕虜につき添って京都に立ち返らねばならなかったのである。この同じ日に昨年の春、鎌倉に下って頼朝に優遇された後、狩野介宗茂に預けられていた平重衡は源頼兼《よりかね》に付き添われて京に上ることになったが、彼は南都の襲撃の責任者として問われたからであった。

ところでこれに先だった数ヶ月前の二月に頼朝は二人の使者典膳大夫中原久経と近藤七国平に六人の雑色をそえて武士の狼藉停止にとどまらず一般人民などの雑訴成敗にあたらせている。七月には大宰府に駐屯して九州地方の鎮定と残務処理にあたっていた範頼が都の公卿《くぎょう》有力寺社などの庄園領主たちの要請によって都にもどることになったためで、そのあとはどちらかといえば民政的色彩のある近藤七国平と中原久経によってになわれることになったのである。

頼朝の知行国は九ヶ国となる

さて、八月には頼朝知行国がさらに六カ国増加したため、すべて以下の源氏一門がそれぞれの国守に任命された。伊豆守《いずのかみ》には義範、相模守には惟義、上総介には義兼《よしかね》、信濃守《しなののかみ》には遠光、越後守には義資、伊予守には義経が任命された。義経の伊予守を除けばほとんどが東国地方であってこの地域における頼朝の支配力の比重がより深まったことになる。なんとなれば頼朝は以前認められた三ヶ国にこの六ヶ国の知行国主となって、意中の人物を国守（常陸《ひたち》は院宮分国であるから介）に任命することができ一般的な統治も容易に行うことが可能となったのである。このように平氏を敗って頼朝の地位と権限は格段の発展をとげたことになったのである。

それにひきかえ一ヶ月程待ち侘びた末の義経に対して六月上旬（九日）にもたらされた指示は、橘馬允、浅羽庄司、宇佐美平次以下の壮士らを宗盛らの囚人にそえてともに帰京せよというものであった。義経にもどってきた回答は以上のようなもので、大功を賞されて本望をとげ、会って話し合って訴えれば「骨肉同胞」の間柄なのだから誤解も永解するだろうとおもっていたところが会うこともかなわず、落胆は著しく大きな打撃となってかえってきたのである。義経が帰洛する同じ日にすでにふれたように昨年から狩野宗茂に預けられ今は源蔵人《くろうど》大夫頼兼に渡されていた平重衡（南都焼打ちの首謀者）も、衆徒の要請により南都に送られることになったのである。

義経の所領没収

義経が腰越から都に向けて出立した四日後に、頼朝の側近で公文所の別当広元と筑後権守俊兼らが頼朝の命令を奉じて、義経に与えられていた平家没官領二十四ヶ所を没収している。これは帰洛にあたり、義経は頼朝の代官として多くの武士をそえられて合戦し勝利することができたのに自分一人の功績によるものといい、その上今度の帰洛にあたっては頼朝に恨みをもっている者は義経の許につくようにといったことが頼朝の怒りを刺激し「所領没収」という処置となったという。しかしこれはいいがかりというものであろう。両者の力関係は圧倒的に頼朝の側が握っていたのであるから。

なお、先程の頼朝知行国がさらに六カ国増加し、義経は伊予守に任命されたことについては、これら六カ国の知行国を賜うよう要請したのは前年の四月頃で、頼朝は泰経朝臣に内々に申し入れ八月十六日に認められたもので、その後に義経の不義が露顕したとしても今更とめるわけにも行かず「勅定」のままにしたという。泰経に内々に申し入れたのが四月ということであれば平家の合戦終了後となり、義経の不義の発覚はその後というから、さかのぼっても直接的には合戦中の出来事をさしているとはいえないことになる。これだと世にいわれている梶原の讒言が決定的ということになったとはいえ、京都にとどまり追討使の任務につけさせず半年程京都にとどまらせていたのであるから、両者の不和はその当時を含みかなり以前からあったということになろう。

このような大功のある弟の義経に対して、苛酷きわまる処置を何故に頼朝はとったのであろうか。この時期は治承以来の五年間にわたる内乱状態から一応脱却したことにより、これまでのように平氏追討ということのみではいまだに奥州などに残っている敵対的勢力に臨むことは困難であり、いいかえれば以前のように全国的に支配する保証となる大義名分がなくなるわけで、今後はどうすべきかが問題となり、当然にも京都の「朝家」との交渉が不可欠となるのである。その意味では親戚でもある一条能保がその役割を果たし始めているのである。

いずれにしても、奥州の藤原氏や南方の諸島などに対しては軍事力に依存せざるを得ないものの中央との交渉は軍事力を背景としつつも平和的手段である政治的力量が必要となるのである。頼朝としては時に軍事力を背景として交渉を有利に展開するにあたっても蜂起以来意を用いてきた京下りの「文士」や「洛陽放遊の客」を活用することであり、さらには親鎌倉派の公卿をつくり出すことであった。こうした仕事については一年程前に頼朝に仕えることになった大江広元や三善康信《みよしやすのぶ》が馳せ参じたことによって一応の目的を達することができたのである。彼らは侍所以来の懸案であった公文所を設立し、その任務を果たしたし、義経問題などでは大江（中原）広元などが公文所として時には問注所のアドバイスによって問題の処理にあたり、頼朝を助けたことは確かであろう。

つまり、義経は兄頼朝をあくまで交渉の中心においたのであるが、頼朝の側では機構としての公文所などで対峙《たいじ》したため、勝負ははじめから決まっていたといってよいのである。その証拠として頼朝は義経と会うことはなかったのである。会うことになれば合戦で重要な役割を果たした

「骨肉同胞」の間柄を無視することはできなかったであろう。義経の側からすれば兄の挙兵にさっそく馳せ参じたあの感激も夢みたことであろうが、それは所詮は夢でしかなかったのである。

なお、念のためつけ加えておけばあの腰越状の宛先は公文所別当大江広元であったし、所領没収の執行は勿論頼朝と打合せずみであろうがこれも公文所別当の大江広元の責任においてなされたものであった。

七月二日には例の平宗盛につきそっていった橘右馬允《うまのじょう》や浅羽庄司らが鎌倉にもどってきて報告によると六月十一日には重衡は南都に渡され梟首されたという。こうなれば関東の頼朝はつぎはどうするかが課題となるのである。

行家謀叛

この年の八月、頼朝の叔父にあたる行家《ゆきいえ》に謀叛の志があることが発覚したとして行家を追討するよう佐々木定綱《さだつな》に頼朝の「御書」を与えたという。行家の本拠は河内・和泉国あたりといわれたから、近江《おうみ》を拠点とする佐々木氏は近国であり、以前は行家は義仲と組んで反平氏で行動したがまもなく離反した。頼朝としては平氏軍に対抗したといっても指したる手柄をたてたわけでもなくこの当時は西国に隠れ忍んでいて関東の頼朝などと「親昵」であるといって「在々所々」で人々を咎める行為を行っている一方で謀叛の志しのあることが発覚したというのである。

ところで義経の方では他の源氏の諸氏とともに伊予守に任じられたが、泰経に申し入れたのが、四月だったので勅定に任すことにしたといっていた頼朝がこの国の各地に意中の武士を平氏没官領などの地頭に任命して義経に国守（長官）の仕事ができないようにしていると院に訴えている。こうみてみると義経や行家を追いつめる行為は続行しているのである。

九月になって梶原景季と義勝房が使節として上洛しているがこれは頼朝の命により南御堂供養導師の御布施や堂壮厳具の調達のためと平氏の「縁坐」のもので都にいて配所に赴いていない公卿たちの流罪を促進させるためであったが、そのついでに御使と称して義経亭に赴いて行家の在所をつきとめ追捕するよう伝えることであったという。頼朝の意図としてはそれを口実にして義経の様子をさぐってくることを期待していたのであった。頼朝の義経に対する疑いは他にもあった。というのは死罪を免れ流罪と決った前大納言時忠が配所に赴いていないのは義経が婿となってその好でとどめているとみていたし、さき程ふれた叔父行家と結んで関東に背く動きをしているとみたからであった。

ここで不思議なのは本命は義経のはずなのに叔父行家の謀叛の動きを第一にしていることである。単に長幼の順ということではないはずである。というのは義経を使って行家を討つことを命じ両者を対立させることであった。さらに注目されるのは「平関白」といわれた平時忠の聟《むこ》に義経がなっているといわれていることである。たしかに義経には院や平氏とのつながりが深いことは解るし、一条長成《いちじょうながなり》と常盤が再婚して生れた子の侍従良成も義経に従っているのである。

土佐房昌俊義経追討のため出立

十月に鎌倉にもどった梶原景時の報告では義経は「違例」（病気）といって対面することがで

きなかったが一両日後は憔悴して灸のあとが何ヶ所かあり、行家追討の命令は伝えたし、自分の所労は偽りではないといったという。また私（義経）の思うところは叔父行家は六孫王の子孫であり、弓馬の家をうけ継いでいる人で普通の人と同等に扱うべきではないし、義経としても家人を遣わしたところでたやすく降伏するような状況にはない。自分の病が治ったならば計略をたていと伝えるようにということであったという。伝聞によれば行家もまた六孫王の子孫で頼朝とは「骨肉同胞」の好《よしみ》のあることを強調している点は興味深い。こうしたことから義経と行家とは「同心」していることは疑う余地がないと報告したという。

その三日後には日頃から義経追討の問題で首脳間で議論したが仲々決まらなかったところが、土佐房昌俊《とさのぼうしょうしゅん》が進んで自分が追討すると申し出たため頼朝は下野国中泉庄を与えたという。こうした人選がおくれたのは義経のすぐれた戦法を恐れたからであろうか。土佐房昌俊は八三騎を率いて都までの行程を九日間ということに決めたという。その後の義経はひそかに仙洞（院）に参上して頼朝追討を訴えたという。

その理由は叔父行家が関東に謀叛を企てるにいたった理由は頼朝が叔父である自分を謀叛人の咎で殺すよう命じたことを知ったからで、何の誤りがあって殺そうとするのか問題であると思ったからだったという。義経としても、しきりに叔父にやめるよう求めたが無駄であった。自分としても凶悪な平氏を討ち破り世を和平に導くのに貢献したがそれに対する報酬もなく、たまたま与えられた所領もことごとく没収され、あまつさえ追討の用意のあることを聞くにいたってはその難を遁れるためには叔父と同意するしかないと決心したという。

したがってこの上は頼朝追討の官符《かんぷ》をいただきたい。許しがなければ二人とも自殺をとげると申しあげたという。後白河法皇としては義経によくよく行家の怒りをしずめるよう説得したという。この間、法皇と義経は何度も話し合っている。その詳細については兼実の日記「玉葉」に詳細にしるされているが要は行家をなだめるようにということでしかなかった。

頼朝追討の宣旨出る

十月中旬になって、かの土佐房昌俊らは過日の頼朝の命令に従って義経の室町亭を襲ったが、行家らの応援もあって昌俊らは退散している。義経は院に参上して無事であることを報告したという。こうしてこの月の十八日に義経が願い出ていた頼朝追討の宣旨《せんじ》が出されている。その前日、勅許するか否か院で議定したが、その表向きの理由は当時都の警衛の任にあたっているのは義経であり、もし勅許なく誰かが濫行に及んだならばそれを防ぐ者がいないことになる。今の難儀を防ぐためには頼朝の追討を認めて勅許し、追って関東にはその間の事情を説明すれば頼朝の怒りも収まるのではないかということだったという。

ここで注目したいのは、さきにも述べたように関東の側では義経が問題なのに表面的には行家というように、何故か義経を正面にすえていないのである。また「朝家」の側では義経の要請によって頼朝追討の宣旨を出すことになったのだが、その宣旨も、前備前守行家源朝臣・左衛門少尉《さえもんしょうじょう》義経らに命じて頼朝を追討するようにというもので、こちらはどうも「官位」の序列によってか、行家が先になっているのである。

いずれにしても、この対決はかの平治《へいじ》の乱のように「骨肉同胞」の争いであり、こうしたことから後の人を含めて頼朝は人情味のない「冷徹」な人といわれることになる。だがどちらが先かというと、以上でみる通り頼朝追討の宣旨が先に出てすぐあとで逆転し、行家・義経の追討の宣旨などが出るのである。結果としては頼朝は叔父や弟を追求することになるから頼朝に対する評価は「冷徹」な人となるわけであるし、逆に義経に同情し、後の人は「判官《ほうがん》」びいきといって義経を贔屓《ひいき》にする人が多いことにもなるわけである。

ところで「追討の宣旨」というのは国家に対する「謀叛」ということで、これが出されるのは古代社会以来最高の犯罪を犯したものであって当然にも死罪ということになる（平安末期の死刑復活以前は流罪）。義経の要請によって最初に出されたのはこのように頼朝であったが、しかしながらどちらが先に殺害しようとしたかということになると、それ以前に頼朝は土佐房昌俊を洛中に送って義経を殺害しようとしたのであるからこちらの方が先であって、それに対抗するために義経たちは頼朝追討の宣旨を出すよう後白河法皇らに求めたのである。

さて、義経と行家との結びつきの背後にはこれを支援する法皇とその側近や寺社勢力があったことはいうまでもないことである。こうして両者の対立が深まるなかで鎌倉辺の有力武将の郎等や親族の中にも頼朝のために一生を失ったとして宿意をいだいた者もいたようであるが、彼等の内心は義経や行家に一脈通ずるものもあったであろうし、義経としても兄頼朝が後白河法皇に背くことが多いとしてひそかにそうしたことも奏することがあったのであろう。後白河法皇としても頼朝が強力になることは得策でないとして行家や義経を贔屓にしたことは確かであった。

奥州の疑い

他方で奥州の藤原秀衡とも連携し、秀衡が義経に与力するという風聞が都でも話題となっている。平氏や義仲も危機的状況になると秀衡に何度も参戦を呼びかけたが、秀衡が白河関を越えることはなかった。今回もそのような状況になって行家・義経が都落して間もなく、関東武士が多数入洛し、範頼を大将軍としたものの、「奥州の疑」（秀衡のこと）があるとして一定の軍勢を坂東に留め置くことにしている。頼朝自身は黄瀬川駅に到着したが義経らの都落ちを聞いて鎌倉にもどっているのである。

いずれにしても、法皇は義経と行家とは意を通じつつも安心はしていなかったようである。法皇と行家との密接な関係を示す事例はすでに述べているが、かつて義仲が窮地にたち平氏が力をもり返してきたとき法皇と行家とは終日「双六《すごろく》」をする程の仲でもあった。すでに義経らの都落ちについてまで言及してしまったが、義経らは頼朝追討宣旨などをだすことに成功はしたものの結論的には反頼朝軍の糾合には成功しなかったのである。

この間の頼朝軍は京下りの「文士」たち、なかでも中原親能《なかはらちかよし》などを通じて都の公卿たちとのパイプを拡大することにも力を注いでいたのである。その一つとして頼朝とも互いに通じあっていた吉田経房《つねふさ》を中納言に推挙し成功させたし、頼朝の追討宣旨を出すことに反対した右大臣兼実が関東を贔屓にしたとして問題とされたが、彼と親しい中納言源雅頼《まさより》を通じて都の公卿と一定のルートができていたし、後には関東の「文士」の間で評判のたかい兼実を摂政に匹敵する「内覧」に推挙してもいるのである。

行家の子息慶俊律師

さて、その兼実は十月十三日の早朝に季長朝臣より義経と行家とが同心し、鎌倉に対抗することに内々に通じあっていたことが露顕したとの報告をうけている。また義経辺では義経の勲功を取り消したことなどで関東と義経の間は隔絶し義経を中心に頼朝に憎しみをもっている者たちが結集し、また鎌倉あたりでも郎等や親族の中で頼朝のためにこのままでは生涯の展望がもてないと年来の恨みをもったものたちがようやく多くなったとの情報も伝わっている。しかしながらこのような情報は都の公卿たちの期待からの観測であって、実態としては反頼朝の気運はたかまっていずほんの一部の情報が誇大に伝えられているにすぎないのである。

この間にまた例の奥州の動きが伝えられたり、慶俊律師が兼実のところに来ていうには兼実の弟慈円《じえん》が法性寺の座主《ざす》を辞したいと泰経朝臣を通じて後白河院に奏したところ、日頃なんの仰せもなかったのに書札でそれは認められないという指示があったという。

なおこの慶俊律師は行家の子で今日近江に向うというがその軍勢はいくばくもなかったという。もっとも院からは甲冑《かっちゅう》を賜って激励をうけたとのことであるが、彼としては右大臣兼実に別れのあいさつと慈円に関する情報を伝えるためであったが行家にはこうした方面にもつながりがありこの僧は父に協力するためにこれから近江に向うということであった。

右大臣は頼朝を贔屓している

十七日には、大蔵卿泰経朝臣が院の使者を右大臣兼実邸に遣わして、行家の動静を伝えている。

それによると行家はすでに頼朝に敵対するという覚悟は固く義経の制止をききいれないとのことで、どうしようかということであった。後白河法皇にたずねたところ法皇はさらに義経に説得にあたるようにということであったという。

これに対して右大臣兼実は追討の宣旨を下すということは「罪八虐」を犯し国家を敵とした者に下されるもので、頼朝にもそうした重科があるならば宣旨を下すことに異議はない。もしそのような指したる罪科が無いならば追討すべきか否かは計りがたい。但し、平氏及び義仲の時は「叡慮」(天子の考え)よりの指示がなく宣旨が下された。こうした先例を踏襲すべきか否かは「聖断」(天子の裁断)によるべきだとこたえたという。

これであきらかなことは平氏追討も義仲追討もその責任を回避するためか万一のことを予想して院や天皇の知らないところで出したということにしている点である。失敗した場合はその時の摂政以下の公卿が責任をとるというわけである。これに対して泰経は重ねて頼朝には全く過怠はない。だが義経らの頼朝追討の構えは理解できるし、後白河法皇の意向もそのようなもので支持されていると述べ、右大臣の意見は頼朝の追討は猶予せよという趣旨のようで、世間では頼朝を贔屓にされているのではと評判であるとも述べたという。確かに兼実の今度の義経と頼朝の評価は後白河法皇のことをおもんばかって揺れていて、頼朝に対しては義経の今度の勲功を認めず命を害する行為に及ぶようなことが事実ならば義経の反逆も一応は当然のことだし、頼朝の「心操」についてはこうしたことで察すべきだが、義経と頼朝の関係は現実には父子間の道理のある関係があって、子である義経が父の追討宣旨を要請して「誅滅」しようとするのは大逆罪にあたり、自他ともに道理を失うことになるといっている。

つまり、両者とも問題だというのである。ただし兼実は頼朝に対して謀叛を起こしたとして追討宣旨を出すことには慎重で条件をつけたということになろう。このところの後白河法皇や泰経は、兼実が関東よりの右大臣だということもあって一応はそれとなく意見を聞くという態度をとっていることもあって、このように使者が派遣されているのである。

後白河法皇の鎮西臨幸説

二十一日、伝聞によると後白河法皇の鎮西臨幸説が流れていたが、法皇としては認めていないし、義経側でも法皇などを奉じて鎮西に赴きたいという要請は取りさげたという。このところの動向をみてみると、平氏の場合は自らが擁立した安徳天皇を奉じて西海に走ったし、義仲にしてもできれば後白河法皇などを奉じて北陸に落ちのびようとの意向があったのである。

その点では義経も例外ではなかったのである。天皇や院を奉じて都落ちしたとすれば、天皇や院の命令としてあるいはその名において地方の国守（長官）や役人たちにのぞむことができるし、「官軍」としての証しも得られるわけであるから、自分たちの行動などの正統化にはかかせなかったのである。現に一度没落した平氏の宗盛軍が西国を起点として盛り返すことができた一因には安徳天皇を奉じていたことが一定の力となったはずである。というのは天皇の名において西国の国守（長官）や地方役人に対しても国家の名において指示命令することができるのである。実際にも当時の平家は「内裏以下内府の陣屋」を構えていてそこがのちに義経軍の攻撃をうけているのである。だがこれはあまり成功しなかった。何故なら都ではまもなく天皇は安徳帝にかわって後鳥羽天皇にかえたのである。

ところで義経は法皇などの鎮西臨幸要請を取りさげたのであるがそれは頼朝追討の宣旨を出してもらうことが認められたからであった。しかしながら頼朝追討の宣旨が出されたからといって反頼朝軍の武士の結集には成功せず呼応する者は少なく、期待していた近江国の武士も味方に加わらず奥方に退いてしまったのである。

兼実と泰経の秘密のやりとり

この月末、院の使者大蔵卿泰経朝臣は頼朝の許に使者を派遣して、今度の頼朝追討の院宣を出した子細を説明したほうがよいか否かを例によって兼実に「計奏」するよう求めてきたという。このことは例の如くそれほどの確信もなく追討の院宣を出したことの告白でもあった。当の兼実は、義経が近国の武士の結集に失敗し、洛中の後白河法皇らは度を失って頼朝との関係修復を計ろうとして頼朝追討の院宣などを出しながら、今度は「和平之儀」だといって勅使を派遣しても、果たして先方の頼朝がすなおに受けいれてくれるかどうかは容易に推測できることで、このように首尾一貫しない態度には自分の意見をいうのはさしひかえたいといっているのである。

この両者はこの時、ひそかに次のようなやりとりがあったという。後白河法皇は天下を治めてきた保元《ほうげん》の乱以降、乱逆が続きそれ以後も絶えることがなかった。よって「玉体」（天皇や上皇）を全うするためには自分（後白河法皇）は天下を統治すべきではない。「玉体」を全うするためにはまげてそのようにしなければならないというのである。これに対して兼実は法皇が天下を統治しないで誰が行うのかと問うたところ臣下の公卿たちの「議奏《ぎそう》」で行うべきだと述べたという。

　これに対して兼実はそれではうまく行くはずはない。ただ法皇（院政）の「御力」で天下をただすべきであると反論したという。だが後白河法皇は自らの発言通りに直接的な政治＝統治から退き周囲を困らせ停滞させることになったのである。後白河法皇としてもたび重なることでもあって自らの責任の取り方としてこのようにしなければこの事態を切り抜けることができないと判断したからであろう。もっとも兼実と泰経とのこの応答は内密なやりとりであって、公卿たちの「議奏」といっても奏上する人はかわらずかつ法皇が天皇にかわるだけであるから一つの方便にしかすぎない。

義経の西海落ち

　同月二十六日には義経は明暁ただちに法皇以下を引率して鎮西に赴くという。これは義経の周辺の者たちが語ったことを人の告げで知った兼実も、これに同行するメンバーの一員に含まれているという。十一月二日、法皇の使者左少弁定長が兼実の許に来て語った所によれば義経は明日鎮西に下向するが要望事項が二つあるという。その申請状によると法皇などの遷幸はないと義経は起請文を書いて進上しているという。だがなお院中に祗候している公卿殿上人たちは発向の用意をしているという。そこでそれに対し義経自身がそのようなことはないので不審に及ぶことはないといったあとで二つのことを求めたという。

①　山陽西海等にある所領（庄園ならびに公領）についてはともに義経の命令によって調庸租税等（年貢などの税）は確かに沙汰し進上するよう命じる権限を与えて欲しい。

②　豊後国の武士らを院に召してとくに義経・行家らを扶持するよう命じて欲しい。

というものであった。この点について意見を求められた兼実は、①についてはそのような広大な地域の年貢徴収権限を果たして認めたとしても義経らにこれを実効性のあるものにすることができるか疑問であり、このような問題を公卿会議で決める必要はない。いまは彼等の申請に任せて沙汰し早く都から出て行かせることが大事だといったという。結局、この日に義経らに院宣が下され同月三日に各々暇を賜るよう申し出て西海に向ったという。

　ところでこの間の問題についての兼実の見方によると頼朝追討の宣旨などが義経らに出されたもののこれは「叡慮」（後白河法皇）より出されたものではないことが知れ渡っていたためか都の近くの武士たちは義経の命令に従わずかえって義経を謀叛人扱いにしてこれに対処したという。その上に法皇以下の公卿たちをいわば楯として引率するということが知られていたため日を追って人望を失いあえて義経に従う者もなくなり、洛中に入った頼朝軍の攻撃に対しても反撃することなく鎮西に下っていったという。なお、例の頼朝追討宣旨の発布のいきさつについては兼実の弟、慈円は「愚管抄《ぐかんしょう》」で公卿は、みな「当時ノヲソレニタヘズ、皆シカルベシト申ケル中ニ九条右府（兼実）一人コソ追討宣旨ナド申時ハ其ノ罪科ニヨリ候事也、頼朝罪科ナニ事ニテ候ニカ、イマダ其罪ヲシラズ候ヘバ、トカクハカライ申ガタキ由申サレタリ（後略）」（傍点著者）と兼実は頼朝追討の宣旨を出すことに反対だったといっている。

義経は義士

宣旨などの発布のいきさつや後白河法皇の意志によって出されたものでなかったことなどが義経に加担する武士がほとんどないことの理由とされかねないが、多くの武士たちにとって義経の側には未来がないと見抜かれたことが孤立化を深めた最大の理由であろう。こうして義経らは都落ちとなるのだが、洛中での両者の対決をさけた義経軍に対して院・諸家のことごとくが安穏だったため義経は「義士」とたたえられたというが、もっとも安心したのは洛中の庶民であったに違いない。兼実自身も頼朝軍と義経軍とが洛中で対決し合戦となれば「王候卿相」は一人として身を全うするものはなかったろうといっているし、この日、早くも兼実の女房達は避難先の雲林院より帰宅しているのである。

第八章　関東軍の洛中進出と義経捜索の強化

北条時政軍の入洛

義経・行家《ゆきいえ》が都落ちしてまもなく手のひらを返すように後白河法皇は両人の身を召すよう院宣《いんぜん》を諸国に下している。その翌日に兼実《かねざね》は、関東軍（頼朝《よりとも》軍）の多くが入洛したがすでに述べたように「奥州軍」（秀衡《ひでひら》）の関東侵攻を恐れて一定の軍隊を坂東に留めておくことにしたという風聞が洛中に伝わっていたといっている。

それはともかくとして関東勢の洛中入りについては鎌倉側の記録によると十月二十四日に勝長寿院での供養のあと明暁に出発することになっていて二千九十六人のうち小山朝光以下五十八人がまず出発することになったという。頼朝は十一月一日に駿河の黄瀬川駅に到着したが、そこで少しの間逗留し、八日たって義経らが都落ちしたとの報告をうけ上洛をとりやめて鎌倉にもどったという。このかぎりでは都での風聞として伝えられた奥州の侵攻に備えて鎌倉をあけるのは得策ではないとして鎌倉にもどったのだとは断定できない。

いずれにしても、このとき関東から上洛した軍勢は北条時政《ときまさ》が引率した一千騎程のようで、こうした軍事力を背景にして交渉にのぞんだのである。一方、追いつめられた後白河法皇はすでに若干言及したようにその責任を摂政基通にも取らせることにして、いまの政治状況下では自分でも摂政でも関東の要求から逃れることはできない。関東では摂政については再三にわたって右大臣兼実をといってきたがいままでは私が押えてきた。今度重ねていってきたならば自分の力ではどうにもならない。そこで関東からの要請のある前に摂政基通の職を退かせて右大臣兼実が天下を治めることが最も穏便にすますことができるのだと語ったという。

たしかにこの間の二度にわたる平氏や義仲《よしなか》の一種のクーデターでは院は幽閉とか院政の停止・摂政以下院近臣など多数の公卿《くぎょう》の解任などを経て切り抜け復活してきたが、そうした後白河法皇の経験に照らして一足さきに摂政などの辞任、実は交替でどうにか切り抜けられるとみていたようである。すでに兼実については後白河法皇としては頼朝追討の院宣などを出すにあたって、消極的ながら反対したこともあって良い感情をもっていないのだが、背に腹はかえられず関東側では賢相の誉れたかい兼実をこのさい摂政にすることが得策だと考えたようである。もっとも、この段階では摂政の退任は不可避とまでは思っていなかったようで、法皇の使者に対しては摂政基通の気色をうかがうにとどめるようにとの意向だったのである。

もっとも院の使者冷泉殿は急ぎ基通亭に馳せ参じて法皇の意向を伝えたところ気色は甚だ悪く返事はいつか参上して自分が直接うけたまわるということであったという。

この問題についてはすでに後白河法皇は鎌倉に対しては自分は天下の政をとる気はなく遁世の意向であると伝えていたという。しかしながら法皇は一時は摂政基通までも退任させようと思っていたが自分の遁世と摂政の運命とは別の問題だとして基通までもやめさせる必要はないとの考えに最後は落着いたという。

頼朝追討の宣旨はどうして出したのか

前後することになるが、頼朝追討の院宣を出したことに対する大蔵卿泰経の弁明は、頼朝の縁者である一条能保《いちじょうよしやす》に伝え、その能保の使者が弁明の書状をもって鎌倉に届けたのであった。その主旨は義経らの件は全く自分たちの企てで行ったものではなくただ義経らの武威を恐れて伝奏したまでで、彼等の謀叛は偏に「天魔の所為」によるもので追討の宣下がなければ宮中に参上して自殺を計るなどと言上してきたのでその難を避けるためにいったんは勅許したものの「叡慮」によるものではないとあったという。

これに対する頼朝の返事の主旨は義経・行家の謀叛は「天魔」(仏語では正法に対しては妨を成し、人に対しては煩いをする)の所為といっているが、いくたの軍勢を征伐した頼朝がたちまち反逆者とされ、指したる「叡慮」もなく追討の院宣が下されたことに反論して、日本第一の「大天狗」と名指しこそしないものの後白河法皇を批判しているのである。

ところで鎌倉からの返書が泰経のもとに届けられたことについて、大夫史隆職《たゆうのふひとたかもと》が尋ねたところ泰経が「伺候」していないと聞くと、使者は大いに怒って文筥を中門廊に投げ捨てて逃げ去ったという。その後定長卿がその文筥を開いてその趣を奏聞したという。その表書には大蔵卿殿御返事とあってその下には署名はなかったというがいうまでもなく頼朝が泰経朝臣に対する返事として書きあげた書状でその内容の一端はすでに紹介したところである。

関東の要求

こうして二十八日には頼朝の代官である北条時政が中納言経房卿にふして重要事項を要請している。その内容を書きとめた右大臣兼実によれば以下のようなものであった。

「五畿山陽南海西海の諸国を相分ちて賜わり、庄公を論せず、兵糧を宛て催すべし」というもので、その他この問題を伝える記述があって種々の解釈がなされている。右の兼実が伝える一文には守護地頭がないが、従来は吾妻鏡の記事などによってこの時に守護地頭が公認されたとしてきたが、今日では地頭についていうと、平氏政権下で平氏の家人たちが私的に任命されたことがあり、その所領は一時的ながらも義仲に没収地として与えられた。

ところが一一八五（文治元）年に頼朝が治安維持を目的に平家没官領を含む地域にも地頭設置を要請し認められた。もっとも、この場合荘園や公領（国衙《こくが》領ともいう）単位に設置が認められた地頭を「荘郷地頭」といい、寺社や公家の要求により設置範囲は漸次平家没官領（五百余ヶ所）に縮小されることになった。それは合戦中に荘園や公領に侵入してあきらかに押領したりしたものでもあり、荘園領主などの要求でそうした地域の地頭は撤退せざるを得なかったのである。また兼実が諸国を相分つことになるとして驚いた問題は、源義経の追捕を目的にして畿内や西国の諸国に国単位に設置された「国地頭」といわれるもので、国単位で兵糧米などを徴収したが種々の混乱を招いたため翌年には廃止となっている。

一方の守護については一一八〇（治承四）年に頼朝が挙兵し勢力を拡大するにつれて東国の諸国に有力御家人をその国の守護に任命したことにはじまる。彼等は国衙の在庁官人（諸国の有力役人）を指揮して国中の軍事関係を主として担当したが関東武士がやがて平氏軍を追撃して西国にも設置されるようになり、この場合も軍事動員や兵糧米の徴収にあたった。これらは臨時のものであるから平氏が滅亡すると存続の意味がなくなり廃止されたが、同年末に源義経の追討を目的に国地頭とともに設置されたが混乱もあり、北条時政が七ヶ国の国地頭を辞退するなどして国地頭は廃止となったが守護は惣追捕使《そうついぶし》などの名称で維持され庄郷地頭とともに定着するにいたり名称ものちには「守護」に定着するにいたったのである。

義経軍の船暴風によって転覆

ところでその後の義経・行家であるが同年の十一月五日には大物浜への途中で摂津の多田行綱《ゆきつな》らに襲撃され、これをどうにか逃れて翌日乗船にこぎつけることができた。だが暴風に遭遇し船は転覆する破目に落入った。この結果、義経に従った従者は極端に減少し、其夜は天王子辺りに宿泊し、それから先は不明となってしまったのである。

なお、義経らの都落ちに従った者は前中将時実（平時忠《ときただ》の子息）・侍従良成（義経同母弟、大《おお》蔵卿《くらきょう》長成《ながなり》子息）、伊豆右衛門尉《うえもんのじょう》有綱（父は仲綱《なかつな》・頼政《よりまさ》の孫）、堀弥太郎景光、佐藤四郎兵衛尉《ひょうえのじょう》忠信《ただのぶ》、伊勢三郎能盛、片岡八郎弘経、弁慶法師などであったという。これ等以外にも従ったものはいたであろうが総勢としても僅かの近親と従者ということであろうか。なお、注目すべきは平時忠の子息や大蔵卿長成とあの常磐御前との間に生まれた義経の同母弟にあたる良成が従っていることである。このことは義経が公家や平氏とのつながりをもっていたことを物語っている。

したがって諸国の武士を結集する必要上、宣旨《せんじ》などがどうしても必要だったのだがそれがうまく行かなかったのである。このあとすぐに義経の伊予守は解任され十一月には義経らの叛逆による追討の院宣が出されたのである。その後の義経の在所は伝聞によると吉野だという。吉野執行が「悪僧」に指示して山林を捜索したが見つからなかったという。

静みつかる

ところで義経の側室《そくしつ》静が藤尾坂より蔵王堂に降りてきたところを衆徒らが捕えて吉野の執行坊に連行し、そこでつぶさに子細を問いただしたところ義経は大物浜よりこの吉野山に来て五日間ほど逗留したのち衆徒の蜂起を聞き逃亡し行方をくらましたという。このあと吉野執行に保護された静は折りから在京中の北条時政亭に送られ、その線から義経捜索のために吉野に兵士が派遣されたという。この時在京していた時政の入洛は前に述べたように十一月二十五日で千騎の兵を率いての上洛であったがこの日はかねてからの鎌倉側の要請によって行家・義経の追討の院宣が出された日でもあった。

この院宣には大物浜での義経一行の漂没後については義経は命を損じたという説もあるがまだはっきりしないというものであった。一方、鎌倉側の記録では義経は大織冠（藤原鎌足）の御影に祈願するため時政の入洛の二日前に多武峯《とうのみね》に向ったと記し、到着したところは義経と関係のある十字坊の「悪僧」だったとある。数日後にその十字坊の坊主と義経は相談してここの寺院は広くないし僧侶も少なく長期間隠れて住むのは困難なので是より遠津河《とつがわ》に送りとどけるということになったという。そこは人馬も不通の深山で義経を説得して「悪僧」八人をつけてそちらに送ったという。

東光房阿闍梨・周防得業

あけて一一八六（文治二）年二月、義経が多武峯に隠れているとの風聞を聞いた鎌倉側では義経と師壇関係にあったといわれる鞍馬寺《くらまでら》の東光房阿闍梨《とうこうぼうあじゃり》と南都の周防得業らを義経と「同意之疑」があるとして召し下すよう指示している。いずれにしても義経との同調者としてこのような義経縁りの僧侶が疑われているのが注目される。ところですでに取りあげた多武峯の十字坊も房主＝坊主が保護したのであり、東光房阿闍梨や南都の周防得業も坊主＝房主であった。彼ら坊主は同宿の弟子たちを含めて寺院内で一つの単位をなしているのである。吾妻鏡などではやや乱暴に彼らを「悪僧」といっているが寺院の側では衆徒大衆《しゅとたいしゅう》の衆議に背くとか決定に従わないものを「悪僧」とか「悪徒」と呼んでいるのである。いずれにしても、このような房主が義経と師壇関係にあったことが鎌倉側としては与同者として疑いをいだいたのであった。

惣追捕使の設置

この同じ二月に「惣追捕使」（のちに守護といわれる）が問題となっている。それによれば惣追捕使は名称はかわったが以前と同じもので、義経・行家が出てこないかぎりは世間は一向に平和にならないとして、国毎に「惣追捕使」を置きその他では広い荘園に補せばよいが、せまい所に補せば喧嘩が絶えないし、訴訟も尽きることがない。惣追捕使を設置すれば万人の愁を散ずることができるし、義経・行家を追捕する有効な方法にもなるといって、惣追捕使（守護）設置の理由としている。勿論、文治二年段階ではのちの守護のように職務も一定せずに国地頭との関係で若干の混乱も認められたが、この年の前半で国地頭制が解消され国ごとにおかれていた惣追捕使が定着し「守護」として安定化するようになるのである。

内覧と議奏公卿

一般に一一八五（文治元）年末から翌年にかけては「守護地頭」問題が主にとりあげられる傾向が強いのだが鎌倉側が「国政」についてどのような態度をとったのかということも重要なのである。以下この点についてふれることにしよう。頼朝は同年一二月六日づけで行家・義経に同意した公卿をはじめとする人事刷新を求めている。

この年の十一月初旬頃に世はすでに「末法」の時代にあたっていて如何なる政策をもってこの

時局に望むべきであるかが因幡前司広元によって頼朝に提言されたというが、この人事刷新案などには広元らの側近の「文士」たちの意見がとりあげられていたものと思われる。まず議奏《ぎそう》公卿(政務を合議し奏上する人達）十人の候補には兼実をはじめ吉田経房などどちらかといえば親鎌倉派かそれに近い十人を指名して議奏公卿とするよう求めその十人の合議によって政務を遂行することを期待し、兼実には摂政・関白と同様な権限をもつ「内覧」に就任することを求めている。

これは北条時政が一二月十六日に申し入れ翌日には認められているのだが四ヶ月後に頼朝は右大臣実定以下議奏公卿に対して「天下の政道」は「群卿之議奏」に依って「澄清」されるよう殊に院・天皇に提言すべきであると強調した上で、君臣の間でも各々私的な立場を捨て誤りなく「賢慮」をめぐらして政治を行うべきであるといい、頼朝自身については「武器之家」をうけ継いでいる身であり、さらには久しく遠国に住んでいることからいまだに公務（国務）の子細については知らないし、たとえ知っていたとしてもその任ではないと述べている。

つまり平家のように一族一門があげて大臣などの高官につくといったことはしないということの表明でもある。このことは二ヶ月程前に京都に四ヶ条の申し入れを行っているなかに関東の御家人武士たちの任官についてはみな遠国に住んでいるので久しく「顕要之官」についていないのでそうした任官については辞退をしているといっている。源家一門では関東知行国(分国ともいっている）の国守（長官）か介《すけ》（次官）となっているものがあるが一般御家人がなることは禁じられていた。これは後の頼家《よりいえ》・実朝《さねとも》時代でも継承されていて、かの和田義盛が一二〇九（承元三）年五月初旬に上総国《かずさのくに》の国守（長官）に推挙するよう求めたのに対して将軍実朝は尼将軍政子《まさこ》に問い合わせたところ頼朝時代では一般の「侍受領」（諸国の長官）は停止すべきだとの命令が出ているとして種々経過はあったものの和田義盛の要請は退けられている。

これは平氏のように高位高官につくことをこのように抑制した結果であるが平氏が各大臣等に就任したからといって、実際その「公務」を行っていたかというと中央でははなはだ疑問で、平重盛や平時忠あたりだとそれを行ったといってもよいほどなのである。

いずれにしても、頼朝とても「権大納言」や「右近衛大将」に任命されたが即刻辞任していて関東ではこの時代「顕要官職」などには禁欲的でその面では都の「朝家」とは一線を画していたのである。

もっとも少しは異なるが平氏や義仲と同様に大臣以下公卿の解任や流罪を求め政治の刷新を計ったことは事実であった。なお、公卿等に関して頼朝は人の愁をのぞこうとしていったんとった政策については例え頼朝の要請であっても理不尽な「裁許」はすべきでないといった上で、たとえ勅宣《ちょくせん》院宣が下されても朝家のため世のため「違乱の端緒」になるようなことに対しては再三にわたって「覆奏」するつもりである。思っていて何も申さないのは忠臣の礼を欠くものであるからといってこれからの政治のあり方についての考えを表明していることは注意しておくべき点であろう。

義経捜索の強化

さて文治二年二月末日の義経・行家捜索の宣旨が三月中旬に鎌倉に到着している。この宣旨によると義経はついに都城の外に出て山沢に亡命したとして、熊野・金峯山と国としては大和・河内・伊賀・伊勢・紀伊・阿波の国司に命じて確かに義経の在所をさがし出してその身を搦めとるよう指示している。これでみると義経の捜索範囲が拡大して畿内とその近国になっていることが解る。

他方、三月に入って義経の側室静が関東の召しにより鎌倉に参着し、義経のことについて尋問をうけている。だが義経の在所については知らないといいきったようで関東の追求は成功していない。その一方で義経が所々を横行し、「所願成就」と称して伊勢神宮に金作剣を奉納したとの情報が鎌倉に伝えられている。この情報の出所は三ヵ月後の神宮権大副《じんぐうごんだいふく》公宣《きみのぶ》が頼朝に書状を献じていて、その文中に去る頃に義経が伊勢国を通過して神宮に参詣したと述べ、その上で義経に内通している神宮祭主能隆朝臣が義経のために祈祷を行ったとした上で義経の在所については現在は「南都」辺りにいるとも述べているという。「去る頃」が三月を指しているとすれば三月中旬の情報の出所はこの公宣からのものであろう。

ところでこの公宣と頼朝の関係でみるとすでに半年前の正月に公宣と少副為定の使者が鎌倉に参住していてこの年の正月十五日に帰国したという。これは昨年の十一月親俊卿の死去のあと、神宮奉行親宗卿と光雅朝臣の支持によって現在の能隆朝臣が就任したという。そこで権大副公宣の狙いとしては義経が追捕の身となっている機会に鎌倉の支持のもとに親宗卿と光雅朝臣の両奉行人が義経与同の凶臣であると「朝家」に訴え祭主の交替を狙ったのであろう。ところがこの公宣らの働きがけに対して頼朝はよく事情が解らないとして協力するか否かについてはあいまいな態度に終始したのであった。

いずれにしても、義経の動向が神宮内部の祭主をめぐる争いと結びついて鎌倉をもまきこもうとしているのである。もっとも、この場合、頼朝は自重してどちらの側にも加担することはなかったのである。

叡山の衆徒と義経

さて、四月末になると鎌倉側では三月の義経の動静把握と違って義経と行家とはなお洛中にあって比叡山の「悪僧」らと結んで同意の企てをしているとの風聞に接している。このため両人はなお洛中にあるとの認識のもとに「朝家」の側でも義経追捕の取り組みを強めるよう求めるとともに、比叡山に対しては「勇士」を登山させて同意の「悪僧」らの捜索を行う用意のあることを申し入れるため源為頼を使者として上洛させている。すでに摂政となっていた兼実は義経・行家の「徒党」は京中にあるとの風聞はあるものの信用はできないといっている。

なお、鎌倉では相変らず序列的には行家が先で続いて義経となっているが都の兼実などはさすがに中心は義経とみて義経を先にしている。

五月になって摂政兼実は光長朝臣に「世上物騒事」を院に奏上するよう指示したところ京中の山々寺々に対して検非違使庁《けびいしちょう》に命じて義経を尋ね捜させるとともに、関東にもその旨を伝えるようにということであった。このかぎりでみると京も鎌倉もともに洛中の山々寺々に義経らが潜伏しているとみているのである。

なお、院に奏上するようにとあるが後白河法皇は院政をやめるとまでいったもののこのようにその任についているのである。同年五月六日に下した院宣では「世上嗷々事」に関して北条時政が在京していたときには洛中もうまくいっていたが二月一杯で去るということでこのような事態が生じたのだと述べたあとで、義経・行家問題を取りあげて比叡山の衆徒の中に同意の者がいるとの説を取りあげて、いまとなっては捜索もやむを得ないものの確かな証拠もなく鎌倉のいう「勇士」を登山させることには反対であるといっている。

また鎌倉側のいっている朝家側のこの問題に対する不熱心さに対してはそれなりに努力していると弁明をしている。

行家討たれる

五月末日になって洛中に駐在している頼朝の義弟である一条能保、北条時政のあとを継いで京中の警固の任に当たっている平六傔仗時定及び常陸《ひたち》房昌明らの飛脚が鎌倉に到着し行家の首を持参している。

彼らの報告によると日頃は本拠である和泉・河内あたりにいるとの風聞があったため捜索のところ和泉の在庁官人（和泉国の役人）日向権守清実《ひゅうがごんのかみきよざね》のもとにいるとの告げがあり、清実の小木郷の「宅」を囲み後の山の民家に逃げこんだところを時定と昌明とが前後から襲って梟首《きょうしゅ》したという。そのさい行家が引率していた家人は二人程で、翌日には子息の大夫尉光家も殺害されたという。行家の最後はもはや「徒党」ともいえない本人（子息がいたが）に二人の従者といった状態であった。

かくして前備前守従五位下源朝臣行家と子息検非違使従五位下左衛門少尉《さえもんしょうじょう》源朝臣光家は殺害された。前者の行家の父は保元《ほうげん》の乱で敗れた源為義《ためよし》で、彼はかの一一八〇（治承四）年の源頼政らの蜂起失敗のあと諸国の源氏に平氏打倒を呼びかけ以仁王《もちひとおう》の令旨を届けて決起を促した人でその最後は彼の本拠の地であったというのも何か因縁めいたものを感ずる。盟友ともなった甥の義経とは早期に分れ分れになっていたのであろう。七月以降については項を改めて述べることとしよう。

南都興福寺と大進君

南都で七月二十日に問題が生じている。というのは寺僧大進君という行家の兄弟をめぐる一条能保と兼実との応答の問題である。洛中などの警固の任務の担当者である平六傔仗時定が自分の使者によって大進君を召し出そうとしたことについて、兼実は南都興福寺の問題は偏に長者である藤原氏（九条氏）の権限に属するもので、まず長者にふれ氏院より興福寺に命ずるのが普通であって、今回のように武家側が直接郎従に命じて譴責《けんせき》したのは問題だというのが兼実の主張であった。

これに対して能保はその非を認め自分の所に報告がなかったので知らなかったが、早速叱責して今後はこのようなことはないようにしたいといい、大進君に関しては兄弟の経光法師の許に暫く留めておくことにするなどと答えている。いずれにしても、この時期には行家父子は殺害されその追求は縁者とはいえ僧にまで及んでいることが解る。寺僧たちのなかには義経たちの支持者や縁者がいたことがこうした行為にも及んだのであろう。この件に関しては興福寺は藤原氏の氏寺であり藤原氏（兼実は九条を称していた）の長者である兼実としては寺社権門の独立的・自立性のたてまえからそれが侵されたとして当然にも能保に抗議したのである。

他方、この場合では武家側を代表する位置にあって京都守護の一条能保としては非を認め、今後はこうした寺社に対してその自主性を尊重しこのようなことは行わないと表明しているのである。いずれにしても、行家の兄弟にはこのような僧がいてこのところこうした追求をうけていたのである。

鞍馬寺の東光坊阿闍梨

次に、この年の二月、鞍馬寺の東光坊阿闍梨らが義経と「師檀」関係にあったことから同意の疑いを掛けられたことがあったが、六月になってこの問題が再然している。つまり、院の使者が摂政兼実に伝えたところによると鞍馬寺に義経がいるというもので、同寺の円豪、西塔院主法印実詮を経て能保に報告され、能保はその件を院に訴えたというのである。

これに対して兼実はあれこれ言うことなく武士を鞍馬寺に遣わして追討することになれば「一寺魔滅」ということになるとして鞍馬寺別当に意見を述べ、内々に寺側より僧を召進すべきか否かを別当の父入道関白基房に働きかけるとともに、他方では武家側の京都守護一条能保には自重を求め牽制している。

この点からみると兼実の働きかけは興福寺の場合より後退している。別当の父基房の返事は別当の力では僧を召進することは出来ないので武士の力を借りなければ不可能であるというものであった。六月四日に院の使者右少弁《うしょうべん》親経《ちかつね》が兼実に能保の見解を伝えている。

それによると鞍馬寺の別当の告げにより官兵を寺に入れることになったのだが鞍馬寺には義経は跡をとどめていないであろうから、①諸国に義経追捕の宣旨を下して欲しいということと、②土佐君は義経と「知音」の者であるから本寺より召し出すように求めたという。これについては兼実は賛成しながらもその前提となる義経が鞍馬寺を逃げ去ったのか否かをひそかに聞き出すよう能保朝臣に指示したという。

その二日後にかの別当の父基房よりすでに鞍馬寺の住僧は召し取られたのでどこに遣わしたらよいかなど院の使者親経より伝えてきたという。それに対して、兼実は京都守護の一条能保の許に遣わすよう答えたという。さらに例の宣旨に関しては地域を限定してはという意見もあったが諸国一同に下すことになったという。

さらにこの日に兼実は、義経を搦め取ろうとした武士が都を東奔西走しているというので能保に尋ねたところ大内惟義が人伝で義経在所を聞くことができたということであったが、いまだそれが実説であるかどうかははっきりしないので、はっきりしたら報告するということであったという。

義経の母と妹つかまる

六月六日に義経の母ならびに妹らを搦め取ったので義経の在所を尋ねたところ「石蔵」という

ところだというので武士を遣わしたところ逃亡したあとだったが房主僧は捕えたという。

この件に関して鎌倉側の記録では能保の飛脚が鎌倉に伝えている点は義経が仁和寺（京都市右京区にあって古義真言宗御室派大本山）の石蔵あたりに隠居しているとの告げがあったので刑部《ぎょうぶの》丞朝景《じょうともかげ》・兵衛尉基清《もときよ》以下の勇士を遣わして調べたところそのようなことはなかったという。

しかしながら当時義経は叡山にいてそれを悪僧らが扶持しているとの風聞があるとの情報も報告されている。いずれにしてもこの時期、義経に関する風聞や密告が多くなってきたことは確かである。

伊豆有綱・伊勢能盛殺害される

この月の十二日、兼実は北条時政の代官である時定がひそかに義経を捕らえようとして大和宇多郡あたりに兵を遣わしたという情報を得ている。これは義経在所を告げる者があったからだという。十八日には兼実は一条能保が多武峯《とうのみね》の「悪僧」龍諦房《りゅうていぼう》という僧を召していると聞き尋ねたところ義経を匿っていたとして両三日の間召し出しているということと、これを密告した者があったということであった。

なお、多武峯の「悪僧」龍諦房については興味を引く点がある。というのは昨年の二月頃には義経はこのあたりにいて「悪僧」に扶持されていた節があったからである。ついで六月二十八日には能保の飛脚が去る十六日に北条時定が大和宇多郡で伊豆右衛門尉源有綱（義経聟）と合戦し有綱は深山に入り自殺、有綱郎従三人は傷死し、搦め取ったと報告している。

いずれにしても、義経に近い人物が捕えられ、義経がかつてかかわりのあった多武峯、鞍馬寺、大和の宇多郡など捜索が続行され七月末には平氏追討などで多大の力量を発揮した伊勢三郎能盛を梟首したと能保より兼実に報告されている。その七月初めには行家追捕の賞として鎌倉側では北条時定を推挙している。同じ七月末には叡山の慶俊律師が慈円《じえん》の使者として兼実の許に来て報告したところによると、今朝、能保が慈円の許に来て義経は「山悪僧」（比叡山の悪僧）の許にあるとの風聞を伝えるとともに沙汰するように求めたという。

そこで叡山の評定に基づいて慈円の案を示したところ能保は受け入れず自分の力では及ばないと兄に伝えて来たという。なお、この叡山の慶俊律師とはすでにふれているように、かの行家の子息で行家の最後の局面で兼実の所を訪ねて慈円のことを報告している。この兼実訪問の時には父の陣営に加わるため近江《おうみ》に向け若干の軍兵を率いていて、後白河法皇からは甲冑《かっちゅう》を賜わったというからその時期は「悪僧」とみられても不思議はない存在であった。あの時からは行家と行をともにしたのかと思われたが慈円の使者を務めているところをみると叡山の僧にもどったということであろうか。

閏《うるう》七月九日に義経問題で能保の使者が今度は兼実の許に送られてきた。兼実は能保の使者がどんな要望をしてきたのか日記に記していないがかなり怒っていたことは確かである。どうも義経が叡山にかかわっている問題で兼実は武家側の能保と叡山の慈円の双方に指示したものの困り抜いていたようである。

山悪僧中厳・悪僧財修逃亡

同月十一日、能保の報告によると「山僧悪僧中厳」が逃亡したがどうすることもできなかったといっているし、翌十二日には今度は慈円が伝えてきたところによると無動寺の「悪僧財修」が逃亡したといってきている。こうしてこのところの叡山の「悪僧」が問題となっているのだが、翌十四日には院の使者頭右中弁《うちゅうべん》兼忠が摂政兼実に指示している内容は叡山の本寺を滅亡させることなく叡山の悪僧を無事召し捕えるようにというものであった。

兼実は自分自身としてはとてもそのようなことは出来ないので公卿たちに問う問題であるし、「悪徒」の召し捕りは叡山自身に課すべき問題であると返答したという。一方の左馬頭《さまのかみ》能保の飛脚はこの問題の発端などについて報告している。

小舎人童五郎丸捕わる

その報告によると伊与守義経の小舎人童五郎丸を捕えて子細を尋ねたところ六月二十日頃は叡山の山上に隠居していたこと、さらに叡山の悪僧俊章・承意・仲教らが義経に同心合力しているというものであった。そこで兼実は座主《ざす》ならびに殿法印に触れる一方で院にも奏聞したという。同月二十六日の能保の消息によると、五郎丸の白状に基づいて義経同意の山僧を召進するよう座主に申し入れたが、彼等はすでに逃亡したとのことであったという。

能保の消息は続けて去る十一日、義経はなお山門にあるとの風聞があると奏聞したところ去る十六日に大炊御門《おおいごもん》の仙洞で公卿会議が行われ、山上ならびに横河《よかわ》（延暦寺《えんりゃくじ》北塔の俗称）末寺の荘園全てに触れて座主全玄以下の僧綱《そうごう》に早急に義経を「尋捜」して召進するよう指示したという。また逃亡した悪僧三人の「縁坐」と称する三人については、検非違使に連行したという。消息はまた今度も叡山に勇士を派遣することは認められなかったといっている。

鎌倉側の記録では閏七月十七日の院宣をのせている。院宣には叡山に逃れそれと同意の僧侶があると五郎丸が山門に伝えたところ、すでに「交名輩」（三人の悪僧）は逃亡してしまったと述べ、ここであれこれいわずに叡山を攻めれば「一山滅亡之基」となってしまう。そこで座主以下門徒僧綱等は秘計を廻らし、また祈請を行って「尋捜」するというのが主な内容であった。

このように院宣は前に述べた能保の消息にいわれているのと同趣旨であるが、近江国と北陸道には義経所縁の者がいるであろうから殊に捜索し悪徒の輩を捕えた者には多大な恩賞を行うとまでいっている。この事態にどう対処するのか。武家側にとっては謀叛人義経の追捕という大義名分があるため比較的単純明快であるが、その在所が主として「山々寺々」であり与同者が「悪僧」といっても、もともとは衆徒大衆であるため寺社や公家側にとっては深刻であるとともに複雑であった。

例の閏七月十六日の公卿の評議では武家側の要請に対して摂政兼実などはこのところの「悪僧之習」としては貫主長吏の命令に彼等を従わせることは困難だといっている程である。ただし今回の問題は衆徒といえども「朝家之大事」として顧りみないわけにはいかないはずで、悪徒が逃亡したのはひとえに所司の油断からきているのである。寺内の悪徒を捕えようとしている間にそれを支援する者が少々でてきてしまい、逃亡を助けることになってしまったのだ。

したがって悪僧を取り逃がした所司らの責任は責めてあまりあるものがあるし、澄雲増進らの中堂執行の怠慢は厳刑に値するが、現にこの問題を命令する立場にある身であるから暫くは許すとして座主以下の幹部を督励しているのである。公家側としては寺家自身で悪徒を捕えると主張することによって武家側の武力行使による介入を制止することができたのである。京都守護能保はこの問題で直接叡山に介入することはできなかったが、山門衆徒の不当性を指摘しつつ武家側の強硬派である土肥実平《どひさねひら》などは坂本を固め山上を捜索すべきだという主張のあることを示しながら、自分はこうした動きを制止しているのだとも言っている。

結局、能保としては座主以下を検非違使庁で追求すれば、武家側が介入しなくとも悪徒を捕えることができるはずだと言っているのである。兼実はこの能保の主張をうけ入れて公卿会議の課題は武士の叡山の対する直接的な武力行使を許すことは山門を滅亡させるものであって、山門を滅亡させることなく悪徒を召し出す方法はどのようにして実現させるか各人の意見を見出すように命じている。他方で兼実は武家側の怒りに一定の理解を示した上で叡山に対しては召し出すように指示し、協力者は単なる悪徒ではなく「朝敵」であるとまでいっているのである。その具体的な対策としては武士の叡山に対する武力攻撃を制止させながら、期日をかぎってかの悪徒を召進することであって「満山同心」するならばできないはずはないとまでいっている。

そこで座主は門徒僧綱らを引率して早急に登山すべきであって、つぶさにその旨を衆徒に命じて殊に贔屓《ひいき》などをして怠る者があれば定めし後悔することになるであろうといって山門衆徒の団結を呼びかけている。この兼実の要請に対して座主らは明朝登山して衆徒らに求められているのは何か説明し、期限としては二十日以内ということとした。

当時すでに「悪僧」たちは逃亡しており種々の秘策を廻らし、また諸国の末寺にも命令しなければならないのでこの程度の日程はかかるということであった。他方で武家に対してはすでに義経や「悪僧」らは山上を逃げ去っているのであるから山上を攻撃する理由がないばかりでなく「朝家」を重んじている頼朝の意図にも背くものであるといっている。この意見には能保も了承したという。

仲教召し捕わる

次に閏七月二十一日、座主よりの使者が凶徒三人のうちの一人仲教を召捕ったとの連絡が入り兼実を喜ばしている。ところが「仲教」をどこで預かるかで異論が生じている。兼実は武家側に渡すべきであるといったのに対して、院はこの意見を認めず「悪僧」の縁者は許し、仲教は「朝家」の機関である検非違使庁で拷問し追求することになり、「悪僧」の「張本」とみられた他の二人を除いてどうにか落着したのである。

さて、この間の「悪僧」問題などであきらかなことは、やや武家側に立ったとみられている兼実と後白河院との見解の違いが微妙ながらみえてきていることと、頼朝の義弟一条能保が頼朝の耳目として重要な役割を果たしていることであろう。また北条時政のあとを引き継いだこの間の平時定の活躍も見逃せない。

静御前

頼朝、静の子供を由比浦に流す

義経らが西海をめざして都落ちした際の静のその後はどうなったのか。鎌倉に移されて義経の在所について尋問をうけたあと、頼朝夫婦の求めにより静は鶴岡八幡宮の廻廊で舞を演じた際、夫義経を慕う歌をうたったり、一一八六（文治二）年五月には頼朝の娘大姫《おおひめ》の求めに応じて芸を披露し禄を賜ったりしていたが、前者では頼朝の非難に対して政子が弁護論を展開している。しかしながら静にとって最も深刻な問題がこの年の閏七月末にやってきた。

というのは、静が義経の子を生むまで鎌倉に抑留されることになっていたのである。いまだその夫（義経）は関東に背いて謀叛を企てて逃亡してしまったままでその生存さえはっきりしないものの、静との間で生まれる子が女子であれば静に給うことになるが、男子であれば今は襁褓《むつき》（うぶぎ）のうちだからといっても将来は恐るべきことが起こることがあり得るので未熟の時に命を絶つとされていたのである。静が男子を生んだため安達新三郎の使者が赤子を請取ることになった。しかし静はすぐには渡さなかった。だがしきりに安達の使者が責めたてたため、母の磯禅師《いそのぜんし》が赤子を静から押し取って使者にさし出したという。奪い取った赤子は、頼朝の命により安達新三郎が由比浦（浜）に棄てている。この復讎を恐れた頼朝の行為は、義仲なきあとすぐさま子息清水冠者義高《しみずのかんじゃよしたか》を殺害させた事に通ずるものがある。そのような処置を決めたことを聞いた政子の嘆願もうけいれられずに、実行に移されたのである。

自らは池禅尼《いけのぜんに》によって死をまぬがれたのであるが、そうした経験が逆に復讎を恐れさせたのであろうか。洛中での義経追求の動きが一段と強められ、行家をはじめとして義経の聟伊豆有綱、家人伊勢三郎義盛らが殺害された頃、鎌倉では義経の側室静と生まれたばかりの子息はこのような扱いをうけていたのである。このあと放免された静とその母の消息はあきらかではない。

堀弥太郎景光・佐藤忠信殺害される

叡山の問題が一段落したこの年の九月、糟屋藤太有季はこの間に、京都に隠住していた義経の家人堀弥太郎景光を生け捕りにし、さらに義経の有力な家臣であった佐藤忠信を中御門東洞院で殺害している。

この佐藤忠信についてはもとより「精兵」であるから合戦となりたやすく討ち取ることができなかったが、多勢で攻撃し忠信の郎従二人とともに殺害したという。有綱のときには「徒党」といっていたが、義経主従もこのようにみな孤立分散化していて各個撃破されているのである。この時捕えられた堀景光の白状から義経の在所は南都とされるにいたった。

南都の聖弘房襲われる

この年の九月末に春日神主泰隆が摂政兼実にいうところでは、武士の狼藉により唯識会が延期になったというのである。その日の午刻に僧正の消息を持った唯識会の行事家司光綱が帰洛することによって事実関係が一層明確になったのだが、光綱のいうには武士二、三百騎が観修房得業聖弘房《とくぎょうせいこう》を打ち囲んで、たちまちに寺家を追捕したという。そのため僧正が使者を遣わして尋ねたところ義経がこの家にいるというので追捕したのだという。この時の被害は春日社近辺の四～五房についてはほとんどなきがごとき有様だったという。

もっとも肝心の聖弘房は逃亡してしまっていたので目的を達することなく帰洛したという。この日の能保の兼実に対する報告では藤内朝宗（吾妻鏡では糟屋有季）が捕えた堀景光を追及したところ、その白状によって義経が南都にいるというので追捕することにしたのだという。

だが房主と義経とは逃亡していたため僧一人を捕えて尋問したところ、義経がここに隠居していたのは事実であるが、ただいまは京都からの告げによってすでに逃げさったあとであるというのである。兼実はこのことは聞いているがそれが南都の寺僧のことであるとは聞いていない。いやしくも自分は興福寺の長者でありその長者に触れることなく追捕した理由を聞きたいと能保に迫っている。能保は大いに驚き全く隠すつもりはなかったし、藤内朝宗はかねてから寺内を追捕するとはいっておらずにただ南都（奈良）に行くと申しただけだったと弁解している。

だがこの能保の弁解は出先の責任に転化するといったもので、すでに四ヶ月程前に南都寺僧大進君（行家の兄弟）を平六傔仗時定が召進しようとしたとき、手続きとしては長者に触れ、氏院より興福寺に命じてから召進すべきだとして、結局は大進君は兄弟である経光法師の預かりとなり、武家側に引渡さなかったのである。しかもそのさい能保は今後は長者を無視するようなことはしないと誓っていたのである。だが実際は、このように無視されている。

南都襲撃兼実は知らず

さてこの南都の襲撃は堀景光の白状に基づいたもので、彼は義経の使者として院の近臣「範季朝臣」と示し合わせていたというのである。なお関東のいいぶんとしては頼朝は都の左典厩《さてんきゅう》（能保）に奏聞するよう指示し、そうしてから比企藤内に五百騎をそえて南都を襲って義経を捜索するよう指示したのだという。これによると頼朝は能保を通じて院に奏聞して決行するよう指示しているというから下僧がいっていたように京都の告げによって事前に義経が逃亡したというのも納得できるのである。

ということは、院及び院の近臣たちは比企藤内の南都急襲を事前に知っていたので、その線から南都の義経たちに連絡することは可能であり知らぬは摂政兼実ばかりということになる。いずれにしても興福寺の「法花維摩大会《ほっけゆいまだいえ》」は中止になる一方で、成果がなかったとして比企朝宗らは早々と帰洛したという。

ただし十二月中旬あたりでも藤内朝宗の郎従達は南都にいて聖弘得業《せいこうとくぎょう》の坊を守備していたとい

うからこれはもどってくるかも知れない義経を追捕することは勿論のこと、南都の衆徒の蜂起にも備えていたのであろう。こうして九ヶ月を経ても義経の追討は成功しなかったのである。

木工頭範季朝臣解任される

一一八六（文治二）年十一月、頼朝は親鎌倉派の公卿帥中納言《そちのちゅうなごん》経房を通じて義経捜索問題で院に申し入れを行っている。その趣旨は未だに義経を捕えることができないのは、都の公卿侍臣など悉くが鎌倉を憎み京中の諸民も義経に同意の企てをしているからで、とくに範季朝臣の義経との「同意」については憤りをつのらせているという。この範季朝臣がとうとう堀景光と接触し連絡をとっていたことを認めたため、十一月初めに朝家では木工頭兼皇后宮亮《もくこうのかみけんこうごうのすけ》範季朝臣を解任しているし、仁和寺宮については義経と同意していることは兼ねてから承わっていたとして同じく問題であると指摘されている。

　ところで南都襲撃事件のその後では能保は重ねて南都で召し取るべき者の交名（名簿）を注進しその引渡しを求めている。その人々の名はあきらかにしていないが「悪僧」かあるいは義経の「与力人」（協力者）僧たちであろうか。

　これに対して興福寺の所司二人は聖弘得業追捕のさいの建物の被害によって法花維摩両会《りょうえ》を行うことができないとの訴えに対して、同寺の氏長者兼実は寺としても長者としても堪えがたいとしその実施を強く求めた。翌二十九日に兼実と能保との間で義経問題が話されたが反対に公卿侍臣の義経与同者として範季朝臣の他に頼経朝臣等が話題にのぼったという。

この頼経朝臣はすでに義経の与同者として鎌倉側では刑部卿の解任の申出をしていた人物で朝家の側でも早速処分し、鎌倉側としては頼経に対しては解官と同時に安房配流を決めていたと承知していたが、流罪の方は実施していないと問題にしているのである。この頼経朝臣については三年たっても流罪を実施しておらずいまだに洛中にいることが問題とされているのである。いずれにしても武家側としては寺社の衆徒をはじめとして公卿などの高官の役人のなかにも義経の与同者がいることを問題にしているのだが、義経を支持し支えている人々はかなりいたため容易に追捕は実現しなかったのである。

聖弘得業を武家側に渡す

十月十七日になって光長朝臣より山階寺（興福寺のこと）別当僧正が聖弘得業を召進したとの連絡が兼実のところに伝えられている。だが衆徒大衆は武家側に渡すべきではないといっているのでどのようにすべきであるか問い合わせがあった。

これに対して兼実は能保の許に使者を遣わして明日そちらに遣わすと伝えるとともに、この問題は重大事であるから「氏院」でたやすく決断できない問題でありまた大衆のいいぶんは理にかなっていないし、僧正もその所行は遁れられないといったという。何故なら以前の宣旨で行家義経に同意の者は「天下之凶臣」といっているのだから、兼実としては衆徒らが聖弘得業を武家側に渡すのは反対であるにもかかわらず、興福寺としても国家護持、鎮護国家の寺としてこのように決断したのであった。

ここで注目すべきことは行家・義経の同意者も「天下之凶臣」といっていることである。あれほど興福寺の自立性を主張していた兼実も興福寺もこの位置づけには反対できず、聖弘得業を武家側に渡すことにしたのである。こうして聖弘得業の身柄は能保に、それから比企朝宗の許に引き渡され最終的には関東の有力武将の小山氏に預けられたのである。兼実は能保に聖弘得業を渡すにあたっては彼に恥辱を与えるようなことをしないで欲しいというのみであったという。

朝家側でまず義経を捕えよ

十一月十八日に院殿上で義経問題が詮議されたが、それにさきだって摂政兼実は奉行職事親経を召して奇策をめぐらすなどして是非とも義経を捕えるようにといっているが、同時に頼朝の申状を提示したという。つまり、頼朝申状の要点は義経追捕に関していたずらに月日を費やすようなことがあるならば数万の精兵を投じて捜索することになる。その場合の武士の狼藉は止むを得ないと警告されていて、それをさけるためには朝家側の命令でまず捜索する必要があるということであった。

この詮議では頼朝申状を踏まえた議論であったためにいつまでに行うかなどの期日が焦点となった。具体的な捜索方法としては通親卿の意見が注目された。つまり、京中及び所々の在家人数を調査し、とくに寄宿の旅客がいる場合には姓名の注進を求めるというものであった。

この意見に対しては兼実も注目した、というのは去る夏の頃実施した結果では洛中に隠れていた行家を搦め取るのに効果があったからである。ただし五畿七道（全国）に実施するのは広すぎるので洛中の近辺の「山寺」もしくは「諸社」に限定し派遣する御使は直接手を下すのではなく実施状況を検査することのみにかぎるべきだということになった。

こうみてみると先の武士による南都襲撃の結果、南都を逃れた義経は洛中及びその近辺に再び戻ってきているとみていたようである。兼実は他方で関を固めて京中を捜索することは先例があるが、それは義経在所がある程度解っている時で今回のようにまだ隠居の場所が解っていない時の実施には疑問であるとして、関を固めるのもよい方策ではあるが人々の歎きとなるので期日をかぎるべきであるとの意見が出され、基房卿は三日から五日くらいとしたが他の公卿たちは十日は必要だといったという。

こうしてかなり後退し、検非違使庁を中心に取り組みそれに従わないものに対しては武士に命じて追捕することを告げ廻ることに落ち着いている。つまり在所不明のため「大索」は行わないということであった。

以上の内容を兼実は親経を通じて院に奏聞するように指示しその結果はほとんど認められたという。これでも解るように一時的には窮地にたった後白河法皇も政治的無関心を示した時期もあったが、親鎌倉派の兼実を鎌倉との交渉に立たせながら忠実な兼実に対してはかなりのイニシヤティブを発揮していることはみておく必要がある。さらに有力な寺社は俗世間に対しては「聖域」であるとして武家などの関与を拒否してきたが、義経問題の与同者は「天下之凶臣」という主張には対抗できず、義経問題をテコとした武家側の攻勢に対しては一定の関与を許すことになったのである。

これを武家側からすればこのような「聖域」にふむこみ寺社側の譲歩を引き出すことに成功したことになる。これには「朝家」としては一定の権限を全国的にもっているとはいえ、軍事警察力は非力であって、畿内周辺でも検非違使庁では充分ではなく一条能保とその実践部隊である北条時定などの力に依存しなければならなかったという事情があったのである。畿内の治安問題でもそうした状況であるから「聖域」である神社は勿論、それ以外の地域では押して知るべしということになる。

以上の経過をまとめてみると、一一八六（文治二）年十一月段階でいわゆる義経問題に対する武家側の強い要請に対して朝家がなしうる評議の結果出されたのがこうした方策であって、その内容の基調には院政（院庁）の意向が反映されているのであった。こうした結果になったのは武家側でいえば寺社などの聖域＝一定の自立性の壁と、大軍を率いて洛中に乗りこんでも平家没官領を確保しえたような所領の確保が期待できないばかりでなく、兵糧を含む多大の費用負担には堪えられないという事情があったとみてよいであろう。そうなれば畿内とその周辺の義経捜索作戦はまず基本的には検非違使庁と寺社の責任で果たすべきであって、武家側としては側面から援助する形にして、京都駐留部隊の責任者である北条時定と、朝家との交渉を主としている一条能保に任せ、時としてそれを督励する立場から必要があれば関東の軍勢を投入する用意のあることを表明するということにとどまっていたのである。

そうしてみると比企朝宗の五百騎による南都襲撃もある意味では珍しい突出した事件ということもできるが、あらかじめ院奏していること、義経がよくとった少数の精兵による攻撃であることなどかなり計算された攻撃とみることができよう。うがった見方ではあるが叡山ではなく南都の興福寺の房主をねらったことなどは、親鎌倉派公卿で氏長者である兼実がねらわれたとみられなくもないのである。

つまり、その急襲は南都興福寺や兼実にとっては不意討ちであっても、武家側では一条能保を通じて院に奏聞した上で承認された実力行使だったのである。院にしてみれば武家側と兼実などの親鎌倉派公卿との対立を惹起させるねらいもあったとみることもできるのである。

義経隠居の拠点は房舎

こうして京都の公卿会議でまとめた方策をもりこんだ宣旨が十一月十五日に出されたが、指したる効果はなかったのである。関東では翌年一月に頼朝は伊勢神宮の奉幣のため使者を遣わし神馬八匹をはじめ金や剣を奉納しているがこれは義経の反逆に対する御祈祷のためだったのである。

翌年の三月、義経に与同した山徒でもある民部卿禅師《みんぶきょうぜんじ》（成範）の召出しと罪科に処すべきであると武家側がもとめたところ、すでに逃亡してしまっていたので再度申し入れるなど、叡山との関係で若干の動きが認められるものの、一一八六（文治二）年十一月以降の義経捜索については成果らしきものは認められないのである。これはたしかに一部とはいえ公卿と山門・南都・吉野・多武峯の僧徒とが義経と同心して義経の隠籠に加担していることが大きかったとみてよいであろう。寺でいうとその拠点となったのは房＝房舎であって、南都の聖弘得業のように房主が重要な役割を果たしていて、通常は「悪徒」ではない有力な衆徒であることが重要である。

義経在所は奥州

一一八七（文治三）年二月になると義経は日頃所々に隠れ過ごし、その間地方の追捕使の追求を逃れてついに伊勢・美濃を経て、陸奥守秀衡をたのんで奥州に赴いたと、武家側での記録「吾妻鏡」は記している。最もこの場合の情報の出処や証拠にあたるものは何もふれていず伝聞とみてよいようである。ただし武家側の記録ではじめて義経在所を「奥州」の藤原秀衡と特定している点は注目されてよい。

だがその後の四月ではそれどころか義経在所はいまだ聞いていないので人力の及ぶところではない。そこで神仏だのみで鶴岡以下の神社仏寺で日頃から御祈祷を行っているというし、しかも鶴岡の若宮別当法眼《ほうげん》は夢想で上野国《こうずけ》金剛寺で義経と会うことが出来ると述べたという。そこで上野に影響力をもっている藤九郎盛長に命じて彼の寺の住侶に御祈祷を丹誠に行うよう触れたというほどであった。

これらは二月の情報とは大いに矛盾するものである。だがその前の三月初めでは義経は奥州にあって秀衡と結んで謀叛の企てを計っているとして、これは人々の話と符合するものであるから京都に申し入れ沙汰するよう能保に伝えたという。このようにみてくると二月の情報はどうも人伝の伝聞であったようである。

頼朝、聖弘得業と会う

この三日後の鎌倉では頼朝が南都で問題となった例の聖弘得業を小山朝光の許より召して直接

に尋問している。そこでまず「天下之凶臣」で追捕すべき人物として時々宣下されている義経に貴房（聖弘得業）は祈祷しあまつさえ同意しことを構えようとどうしてしたのかと聞いたところ、彼は義経との関係を述べつつ、どうして私が義経と与同しているというのかと反問した上で、あなた方兄弟二人が「魚水の思」となることがこの国が治まることになるのであって、こうしたことをいうのは単に義経の弁護をするためではなく「天下静謐《てんかせいひつ》」（天下大平）の術を求めることから発しているのであり、義経在所については少なくとも昨年の九月には私の房舎にいたが、あとで説得し下部の法師をつけて伊賀国に送ったことまでは知っているが、その後は義経との音信（連絡）はないと述べたという。

いずれにしても、その前年の九月まで聖弘得業の房舎に義経は寄宿していたがその後は得業の弟子の下部の法師等につき添われて伊賀国辺りまで送られていったということは重要である。というのは、すでに多武峯の十字坊が遠津河まで義経が移動するにあたって「悪僧」八人をつけていて、その時の「悪僧」は道徳・行徳・拾徳・楽徳・楽円・文妙・文実という者たちであったという。すでにふれたあの叡山の「悪僧」俊章については後に述べるが伴党らを率いて義経を奥州まで送りとどけたという。このように義経はしばしば「悪僧」といわれた衆徒らの支援と擁護によって移住したり隠居したりしていたことが知られるのである。

ところで聖弘得業と頼朝とのやりとりのなかで彼は頼朝に対してどうして義経と同心できないのか、およそ関東の安全を考えるならただちに義経の殊勲を認めることが必要ではないか、だが現実は讒訴《ざんそ》に耳を傾けて義経の奉公を忘れ、恩賞地をとりあげられれば逆心を起こすのは人間としては当然ではないか。すみやかに日頃の考えをかえて義経を召還して「太平」について語り合うならば兄弟が「魚水の思」となることができるし、「治国の謀り」となるのではないかと述べたという。これに対して頼朝はとくに反論もせずに度量を示したのか彼に勝長寿院供僧職を送って遇し、関東の繁栄の祈祷を期待したという。ところで聖弘得業は頼朝との応答のなかで讒訴の問題をとりあげているがここで問題となっている讒訴とはいうまでもなく梶原景時のことをいっているのである。

これに対して頼朝はどう回答したのかあきらかではないが、その翌日の吾妻鏡は土佐国住人夜須七郎行宗と梶原景時との対問を行ったと伝え、証人の発言によって夜須行宗には賞が与えられ梶原には讒訴の科として鎌倉中の道路を造るよう頼朝が直裁したという。これらは偶然の結果なのか、頼朝としても何らかの処置が必要だと思ってなのかは解らないが、梶原氏に対して咎《とが》が課せられたということは興味深い点である。聖弘得業の言論の効果ということであろうか。いずれにしても、頼朝と義経の対立に真正面から直言し、同心することを説いた貴重な人物といってよい。勿論、頼朝は反論はせずに同心もしなかったのであった。

第九章　奥州と関東

秀衡進上の供物

一一八七（文治三）年四月頃より義経の在所が奥州藤原秀衡《ふじわらひでひら》の許であるということが鮮明になるにしたがって、奥州が問題となってくるのであるが、ここでこれまでの両者の関係をふり返ってみることにしたい。すでにふれてきたように平氏の没落期や義仲《よしなか》のそれにつづき今度の義経と、その都度参戦を期待されたのが藤原秀衡であった。それ故に頼朝は奥州の動向に絶えず注意を払っていたのである。

一一八五（文治元）年十二月には義経の要請により頼朝追討の院宣《いんぜん》などを出したことが後白河法皇の危機ともなったのだが、この時期の頼朝と秀衡にかかわって院でちょっとした事件が起きている。この年の十二月にある人がいうのには頼朝の進物（国絹八十疋・白布十段・馬引手物二十具）があまりにも少なく粗末なものだとして後白河法皇は取りさげさせたが、実はこの進物はあとで書礼によって頼朝のものではなく秀衡のものだったことが解ったという。この時期の後白河法皇は進退をかけて頼朝と対峙《たいじ》していた時期であったから、この進物に怒りを感じての行為だったのであろうし、頼朝憎さからの先入観による誤認であったろう。

奥州の貢金貢馬問題

ところで一一八六（文治二）年に入って間もなく頼朝と秀衡との間でやっと公式的な接触が行われた。頼朝は一一八〇（治承四）年のはじめより奥州を常に意識していたし、ある時は上洛の途中から鎌倉にもどったりしていたし、義経を除外して側近たちと密かに秀衡の調伏祈願を行ったりしていたのである。頼朝は秀衡に書状を送り、その中で「秀衡は奥六郡主で頼朝は東海道の惣官《そうかん》であって両者は『水魚』の関係にあるべきである。ただし行程をへだてていることからかならずしも友好的ではなかった」と述べ、頼朝はある要請を秀衡に求めたのである。

藤原秀衡

つまりこの年の四月に秀衡の請文《うけぶみ》が鎌倉に到着しているがそれによれば文治二年度より奥州が都に納入す

る貢金貢馬《くめ》を一旦は鎌倉に納入して鎌倉から都に伝進するとの鎌倉の提案を、秀衡に約束させたのである。秀衡にとっては、納入先が京都から鎌倉に変更したことにより運送費などが減り若干のメリットがあるものの失ったものがあるはずである。この変更について頼朝はこれは国土の貢物であるから鎌倉が私的に「管領」すべきではないし、当年から早く鎌倉より納入することは勅定の意向を守ることでもあるといっている。

この問題は対等で平和裡に行われているかの如くにみえるが、朝家と秀衡との直接的な結びつきをたち切るもので、この関係が固定化すると、あたかも関東が朝家に奥州の貢金貢馬を貢納しているかの如き関係に変更させられたことになる。これは頼朝の奥州に対する間接的支配の第一歩をふみ出したことを意味する。こうしてこの年の十月には奥州の貢金四百五十両と貢馬五匹が鎌倉より京都に送進され、以後恒例化していくのである。

関東の鉾先は奥州に

翌一一八七（文治三）年二月ともなると義経包囲網も強化され、畿内の寺社も義経にとって安住の地ではなくなり、逃亡先は遠方の奥州の地としたようである。こうなると前年の奥州秀衡の貢馬貢金の納入問題に関東の頼朝が介入に成功したことは義経問題をテコに彼の奥州支配の実現を一段と進めたことになる。翌年の九月ともなれば、関東は秀衡が義経を扶持して反逆の活動を始めたとしてすでに朝家に訴えた結果、八月あたりに院庁下文《くだしぶみ》が陸奥国に下されたというが、その時関東では雑色《ぞうしき》を送ったところ九月初めにもどってきたという。その雑色の報告によると秀衡は異心はないと誓ったとのことであるが、すでに戦う用意をしているとのことで、雑色はさらに京都に報告のためさし向けられたという。

勿論、これは奥州の形勢を伝えるためであった。このような義経在所の追求はこの年の後半から変化しあきらかにその鉾先は奥州に向けられ、奥州ではたたかう用意をしているなどと報告されているのである。

東大寺大仏復元の金

さて、この奥州の貢金問題でいうと一一八四（元暦元）年六月、東大寺開眼にあたり、かの平氏に破損された大仏の身体部分は修復され若干の部分を残すのみとなったが、まだ少々諸人の「施入」のほかに大口としては頼朝の千両、秀衡の五千両の奉加が予定されていたという。このように奥州秀衡の奉加は頼朝よりも五倍もの額が期待されていることは奥州の金の産出がそれだけ多く産出され期待もされていたのであろう。

ところでさきほどふれた頼朝と秀衡の貢馬貢金納入の誓約がかなって間もない頃、佐藤兵衛《ひょうえの》尉《じょう》憲清（西行上人）が奥州に向う途次、鎌倉鶴岡八幡宮を巡礼している。その折に頼朝と歌道や弓矢の兵法について談じたというが、西行の奥州行きの目的は重源《ちょうげん》上人との約束により東大寺の修理料などの沙金の勧進のために行くのだという。なお、この西行と秀衡とは同じ一族だということであった。この重源は東大寺の焼失にあたり師の源空が大勧進を命ぜられたため師に従って東大寺の再建につくした人であった。この時期では東大寺の修理は完成しておらず同じ一族の好で西行は奥州の秀衡のもとに行くというのである。ところで一一八七（文治三）年九月にも奥州の金が問題となっている。頼朝はこの時期に陸奥貢金問題と前山城守基兼《やましろのかみもとかね》の問題を朝家に訴えているのである。

つまり頼朝は奥州に攻勢をかけるにあたって二つの問題を提起している。その一つである前山城守基兼とは院近臣で「北面下臈凶悪之人」などといわれかの清盛によって鹿ケ谷事件の関係者として奥州に流罪にされた人物である。その後の基兼は頼朝側でいうのには秀衡に属して奥州を「経廻」していたという。平氏が敗北したあとでは自由の身となっていたはずなのに上洛の希望がかなえられず歎いているという。このような基兼は早く上洛を認めるべきだというのである。

二つ目の貢金問題では近年陸奥国の貢金の納入額は減少しているという。

だが大仏の滅金《めっき》には多量の砂金が必要である。そのためには奥州に対しては三万両という多量の砂金を納入させるべきだというのである。これについては四月にも頼朝が院に訴え院庁でも御教書を下し、それに頼朝の添状をつけて秀衡のもとに送ったという。四月といえば義経が秀衡に救いを求めて奥州入りを果たした時期に合致する。

なお、この時の御教書は基兼のこと、砂金のことの他にもう一つ、この間の平氏追討、義仲の追討にあたって奥州の秀衡はなんの協力も参加もしていない点が問題にされている。これは確かに「朝家」が窮地に立った時に院も協力を求めたが平氏も義仲も自ら窮地にたったとき奥州の秀衡に加勢を求めたのであって、いずれにも積極的には加担しなかったことは賞すべきであって、問題とする程のことではないのである。

さて、さき程の二つの要求に対して秀衡は恐縮する様子もなく二つのこと（基兼の件と砂金の件）について承諾しなかったという。第一の基兼の問題のついては殊にあわれみを加えてきたし、召し誡めるというようなことはなかったという。上洛したいということも聞いていないし、平氏が敗れたからといってたちまち上洛させることもしなかったが、だからといって拘留するといったこともなかったといっている。貢金三万両についてははなはだ過分の額で先例でも千両を超過することはなかった。しかも近年では商人が多く境内に入って砂金の売買をするのが盛んとなり大略掘りつくしてしまった。それ故、要望に答えることは困難で、今後は求め得るかぎりの額を進上したいというものであった。

以上のような秀衡の返事に対して頼朝は院に使者を遣わして「貢金等」については強く催促するよう求めたという。摂政兼実《かねざね》はこの頼朝の提案に賛成しているが頼朝の奥州に対するこの砂金の額は過大で無理ということであろう。例の奥州の貢金貢馬に対する頼朝との最初の約束である鎌倉を経て納入するといった砂金の額は、すでに述べたように四百五十両であるからこれに大仏修理の奉加などを含めたとしても、三万両は途方もない額で秀衡が拒否するのは当然であろう。

さて、この二項目それ自身は義経問題とはきりはなされた問題であるが、この時期では南島の貴海島などを除けば、奥羽の地は頼朝の軍事的な影響力の及ばない唯一の残された地域であった。義経問題についていえば都落ちしてまもなく一年間で残党としての家人も各個撃破され、行家《ゆきいえ》にしてもその最後は数人であり、頼政《よりまさ》の孫にあたる伊豆守《いずのかみ》有綱にしても、捕えられた時は「徒党」といわれたものの郎等など十人程であって義経軍などといったものは捜索の当初からすでに解体した存在で、畿内では寺社という聖域のもとで悪僧などといわれた衆徒や神人に守られ諸所に移動していた存在にすぎなかったのである。義経が奥州秀衡のもとに逃げ込むことによって頼朝側としては多勢の軍隊と立ち向かうことになるのであるが、畿内の捜索がそうであるように出来るだけ寺社や検非違使《けびいし》を中心とする他者によって追捕を押し進めてきたのである。

この段階となれば種々難題を奥州に投げかけつつ、他方では征服のための準備は相当の月日を必要としたのである。兵糧や秣《まぐさ》などどれ一つとっても大変だったことは平氏に対する範頼《のりより》軍の苦戦でもあきらかである。平氏との戦いでは義経が巧妙に水軍を集めたことは勝利にとって重要だったことはいうまでもない。

なお、ここで都落ち以降の義経の肉声を聞くことができないばかりでなく影も形もみえないとして不満を覚える方がでてくるに相違ない。義経については室町時代の「義経記《ぎけいき》」などで語られているが、本書では鎌倉時代の比較的確度の高い史料に基づいて述べているのでこのようなものとなってしまうのである。だが義経に攻勢をかける側や義経を守ろうとする人達の言動から頼朝や義経の人間像に迫るしかないということを途中ではあるがお断りしておこう。

京中騒動

ところで一一八七（文治三）年八月には「京中騒動」が再然している。その内容の主な点は「群盗蜂起」であって検非違使庁のみでは鎮圧するのは不可能で、洛中からは度々関東の武士に協力要請があったのである。この要請に答えるため鎌倉側ではとうとう有力武将である千葉常胤《つねたね》・下《しも》河辺行平《こうべゆきひら》の派遣を決定している。

この問題は一一八五（文治元）年末あたりで一千騎を従えて上洛した北条時政《ときまさ》がほぼ任務を果たしたとして鎌倉にもどったあと平六傔仗時定以下京留の人々三十五人を駐留させてその任務を引き継がせた。その地に兵糧米の沙汰とか大番役を務める武士たちが在京して鎮圧にあたったのであるが、彼等が狼藉を鎮めないでかえって任務につかれたりして狼藉を行っているかも知れないということで、二人の有力武将の上洛となり鎮圧に成功したのであった。このところの洛中では社会の不安や群盗などの盗賊集団の行動が活発化してもはや義経問題は二次的な問題となっていたのである。

この千葉常胤・下河辺行平の上洛の時というのは義経の奥州隠住が明確になったときであり南方に対する征服推進を決定したときと重なるのである。とくに前者の問題は「朝家」の要請に答えることによって関東の奥州政策に対する協力をとりつけさらにスムースに進行させようという意図があったとみることができる。

貴海島の征服

この年の九月に頼朝は所衆信房を鎮西守護天野藤内遠景の許に送って貴海島の追討を厳命している。その理由が今度、義経の同意の者が隠居している疑いがあるからだという。追討の理由が義経に同意の疑いがあるといっている点が注目される。というのはこの時代では追討するにあたっては宣旨《せんじ》とか院宣が必要だったのである。この場合、義経追討の宣旨や院宣がすでに出ているからという口実で、しかも同意の疑いがある者が隠居していることで貴海島を攻撃することにしているのである。

しかしながら鎮西の武士が一致結集してことにあたることができず、一時延期しなければならなかったのである。ところでこの計画を知った摂関家（兼実）の見解は、彼の島の境は故実では日本の領域かどうか計りがたいし、頼朝側にとっても煩い多くして益がないのではないかという理由から止めるよう求めているのである。しかしながら貴海島の征服は決行され、翌年の五月に目的を果たしているのである。

さきほどふれたようにこの行動にあたっては労多くして益がないと思った鎮西の武士たちはなかなか一致結集することができなかったことと、宣旨院宣なしに強行している点が注目されるのである。院宣や宣旨なしにどうして軍事行動を強行するのかといってもよいはずであるが、「朝家」の側の止める理由が全くの見当違いからであることも注目される点である。もっとも「朝家」の側では色々と武家側には負い目があることと遠方での島であることがこのような態度をとった理由なのであろうか。

弁慶のモデル俊章の活動

義経の畿内近国などの潜行にあたって隋行したり、守護した人達に「悪僧」らが多数いたことについてはしばしばふれてきたが、その中で一一八六（文治二）年七月に義経が叡山に隠れていたとき叡山の「悪僧」俊章・承意・仲教ら三人が義経に同心し助けたため、かの能保が義経の小

弁慶

舎人童の五郎丸の白状にもとづいて公家に対して三人を召進するように申し入れたところ、彼等はすでに逃亡したという事件のあったことはすでにふれた。まもなく仲教は召し取ることができたが、そのさいどこで預かるのかでも問題となったことも前述した。

ところで他の二人はどうなったかが問題となるのだが、二人のうち俊章については二年三ヶ月後になって消息を知ることができたのである。叡山での俊章と義経とは密接な関係を結んでいて、数日間義経をかくまった後で義経が奥州に赴いた時には悪党と「党」を組んで送り込みそのあと都にもどり謀叛を企てたということで、そこで内々に在京の武士たちにその身柄を確保するよう命じたというのである。

この吾妻鏡による俊章に関する記述には、若干の疑問があってにわかには信じがたい点があるのである。その第一はこれだと叡山から義経を奥州に送り出したことになる。とすると義経は南都の聖弘得業《せいこうとくぎょう》のもとから伊賀を経て再び叡山にもどり、そこから俊章らが義経を奥州に送りとどけたことになる。こうしたことは叡山は近江《おうみ》であるから可能ではあるが、あれ程問題になった叡山に戻るということは相当な手引きが必要である。次の疑問は奥州からもどってきた俊章らが何故に謀叛を企てる必要があるかということである。これは義経に与同したということを謀叛というのであろうが、企てたとするとどんな企てかが問題となろう。義経の与同者を募ったということであろうか。

それにしても奥州に義経を送る時には「伴党」らを率いて長途の旅をしたという話は室町期の「義経記」の「判官北国落の事」（巻七）以下の「弁慶」の行動を、細部はともあれ彷彿させるものがある。この年の十二月、鎌倉側では「悪僧」俊章の召進を叡山の衆徒中に求めその要望書にあたる「御書」の執筆は問注所執事の三善康信《みよしやすのぶ》があたったというから、あながちこの話は否定はできないものがある。だが俊章のその後については不明なのである。

義経の消息をもっていた不思議な男、千光房七郎

次はこの件の少し前にやはり叡山の飯室谷竹林房住侶光房永実の同宿人で千光房七郎という者が悪徒浪人を率いて夜討ちなどの悪行を行ったという事件が報告されている。

だが翌年の吉田経房卿の奉書の一節に千光房七郎に対して重ねて叡山に召すよう命じたところ、一昨年召進の後は行方不明だとのことであった。そこでなお召進するよう命じ、召し出したあとはすみやかに流罪とするようにいったという。このかぎりでは衆徒大衆《しゅとたいしゅう》であった千光房七郎というものが悪徒浪人を率いて夜討ちなどの悪行を行った首謀者ということにすぎないのだが、その翌年の一月中旬に洛中警固の任にあたっていたあの兵衛尉時定が手光房七郎という者を搦め取ったところ不思議なことがあったという。それは義経が都に帰る旨の消息を持っていたというので

ある。

このことを記した陽明文庫本の「玉葉」では手光房七郎ではなく千光房七郎とある。そうとすれば千光房七郎と同一人物の可能性があり、義経と何んらかの形で接触した人物が存在したことになる。同一人物でなくても奥州の義経が危険を感じてか、再び洛中にもどりたいという意向があったということも考えられる。

そうとすれば義経の奥州でのその危険はなんなのか。関東側の攻勢かそれとも奥州内部の対立なのか。あるいはまた関東と奥州と結びついたため危険を察知したからであろうか。ところで一一八七（文治三）年十月には義経の熱烈な支持者奥州の藤原秀衡が病没しているのである。いずれにしてもこの段階でも叡山は義経と関係のあった「悪僧」が存在し、かなりの支持者があったということができようか。

義経の協力者の処分と衆徒の武具携帯の禁止

一一八九（文治五）年二月、頼朝は都に雑色時沢を派遣して義経が奥州に逃亡した後の「朝家」の取組み、とくに義経の協力者の処分の徹底など六ヶ条の申し入れを行っている。その中で叡山の義経与同者である山僧、衆徒大衆が不正になお弓矢大刀などの武具を保持し携帯している者がいることを問題にしている。この頃の頼朝は奥州追討の準備に入っている時期であり、この武器携帯については禁止する旨の「朝家」側の回答があったのだがなお実効がともなっていないとして、今後ともそのような武器保持を放任しておくならば対抗勢力になり得るとみて叡山などの聖域に対し強く要請する必要があったのであろう。

この年の四月、梶原景時の使者が持参した帥中納言《そちのちゅうなごん》経房の消息によると兵具の問題に対しては「朝家」としても再び座主《ざす》に禁制を命じたという。ただ具体的な実効のほどは疑わしい。何故なら座主の指示がどれほど衆徒大衆に貫徹したかは疑わしいからである。

数年前にではあるが義仲や行家が衆徒大衆の軍事力に期待していたことはすでに述べてきたし、ことは若干の「悪僧」の問題ではないのである。奥州の義経を問題にするにあたって畿内の状態についても知っておく必要があるため衆徒大衆の武器携帯の問題にふれたわけであるが、平安末期からのとくに「衆徒大衆」の存在は武士の合戦でともすれば忘れられがちであるが、かなりの強力さをもった社会的存在なのであって、延暦寺《えんりゃくじ》や興福寺では三千とも四千ともいわれる衆徒大衆をかかえていたといわれ、義経なき南都北嶺に対しても関東ではこのように注意を払っていたし、その強力さには手を焼いていたのである。

秀衡病没

一一八七（文治三）年十月二十九日に奥州の藤原秀衡が死去しているが、兼実はある人がいうには昨年の九月から十月頃、義経は奥州にあって秀衡が隠して庇護していたと語ったあとで、彼が死去のさい他腹の嫡男に当時の妻をめとらせて当腹の弟に対して兄弟融和のために各々に異心をいだくことのないようにと起請文《きしょうもん》を書かせ義経を主君として両人に仕えるように遺言したという。これによって三人は結束して（一味）頼朝を襲う方策を考えるよう求めたという。これによれば兄弟の調停役以上のことを義経に期待していたことになる。

この情報の提供者が問題になるがこれは兼実の弟兼房であろう。というのは翌月の初め兼実の弟の大納言兼房が、書礼で義経の消息を知らせているのである。それは出羽国に遣わした昌尊の中状によると義経が奥州にいることと、彼らが出国するときに義経の軍兵と合戦し命からがら鎌倉に逃げ返りその子細を頼朝に報告したところ、早く国司に報告して院に奏上するようにということであったという。この子細は少しばかり疑いがあるとして兼実は弟兼房の使者を召して確かめたところ昌尊の中状と同様だったという。兼房は出羽国などの情報にくわしいのである。

ところで幕府側の記録吾妻鏡では秀衡の死去については日頃からの重病により死去したと記したあとで、秀衡は死去の前に義経を大将軍として国務を行うよう泰衡《やすひら》に遺言したとある。このあと関東の義経問題に関していうならば前述したように南方の貴海島の追捕に務める一方で、二月二十一日に関東の要請で義経追討の宣旨（同二十五日院庁下文）が出されている。

泰衡に義経追討宣旨下る

さて頼朝が以上の宣旨などが出された経過や内容を知ったのは、官吏生国光と院庁官景弘等が同年三月二十四日に京を出て泰衡に義経を搦め取るよう命じた文書をもって鎌倉に参着し、内々にそれをみせてもらった時であった。その宣旨には前民部少輔基成と秀衡法師子息泰衡が義経と結んですでに朝家に背き、陸奥出羽を押領して国衙《こくが》や庄家の使者を追い出していて、これらの行為は違勅罪にあたるとした上で、ただし泰衡らは義経とは同心しないし、かつ義経の身を捕えてさし出すならば免ずるし、従わなければ官軍を遣わしてともに征伐するというものであった。

ここでいえるのは関東としては泰衡に命じてまず義経を討たせることであった。だが宣旨が出されることに決定した二月十二日に能保がいうには頼朝の使者の報告では義経が奥州にいることは確実であるが、ただ頼朝としては亡母のために五重の塔婆を造営し、かつ今年は重厄にあたるので殺生禁断を守らなければならない。それ故に今年は追討使を拝命しても、また私の宿願をとげるべきではあるが今年については一切その命令に従うことはできないというのである。もっとも泰衡らが関東を襲うというのであればその限りではない。というのは秀衡の子息と義経が同意しているとの風聞があり、その真偽をあきらかにするために泰衡に対してこのような呼びかけが必要でもあるといっているという。この問題は頼朝としては直接「朝家」に訴えることはできないのでただ能保に対して「朝家」との間でうまく調整するよう要請したということであった。

源義経

こうして蔵人《くろうど》右衛門権佐《うえもんごんのすけ》平朝臣《たいらのあそん》棟範《むねのり》が宣旨の草案をつくり兼実がそれに手を加えることになったという。兼実の追加した部分は陸奥出羽国の義経の「違乱」の問題と泰衡に対しては義経と同心していないのであれば義経の身柄を召進するよう命じた部分であった。

こうしてこの年の十月二十五日に義経追討宣旨案文（十月十二日付）が鎌倉に到着し正文は奥州にもっていったという。この兼実の追加部分はまさに親鎌倉派の公卿《くぎょう》で摂政兼実の立場がよく示されている。

頼経らの流罪実施と公卿の解任を求む

一一八九（文治五）年三月の初めに定長卿は天王寺より帰洛しているが、これはかねてから関東より頼経配流（流罪）の申出があった件を急ぎ沙汰するためであった。この刑部卿頼経はすでにふれているように、一一八五（文治元）年末に義経与同人として鎌倉側より解任要求のリストにのぼっていた人物であった。

こうしてようやく今年の三月十一日には前刑部卿頼経は伊豆国に流罪と決定したのである。四月初めには今度は按察《あぜち》大納言朝方卿が行家に同意したとの訴えがありそれを記した鎌倉方の消息は経房・定長卿を通じて院に内覧されたという。朝方卿の解任要求の時にはその他に左少将宗長、出雲侍従朝経、出雲目代《もくだい》兵衛尉政綱、前兵衛為孝らも与同の科により解任するよう求めている。こうして同月九日には院御厩《おうまや》別当であった朝方卿は所職を解任されかつての知行国も停止されている。関東の攻勢はこのようにかつての朝家の高官たちにも及んでいるのである。

奥州追討には法皇は消極的

閏《うるう》四月の初め兼実は、法皇のいる天王寺から帰参した五位蔵人実宗にいろいろなことを聞いている。奥州追討の件に関しては後白河法皇の考えとしては早く追討の宣旨を下すべきであるが六月は関東では塔供養を行うと聞いているし、これを過ぎてからにするか今明日とするかは申請に随うべきである。官使の出立にあたっては自ら奥州までは日数が必要なのでこのようにいったという。

さらにそもそも伊勢遷宮と造東大寺はわが朝第一の大事なことで、そうしたなかで奥州征伐に行くとなれば諸国は兵糧米などで静かというわけにはいかないであろう。そうなると以上の二つのことが妨げとなる。こうしたことを考慮して造営造寺の害となるようなことは避けるべきとのことであったという。そこで兼実は早く経房亭に行って法皇の意向を関東に伝えるよう指示している。

ところで前年十二月十一日に義経追討の宣旨にあいそえて院庁下文を奥州に届けた官吏守康が帰途の途中の二月末に鎌倉に逗留して奥州の模様を語っているが、それによると義経の在所が明確となったので早く義経を召進する旨の請文を書いているが、泰経の心中はどうなのか中々測り知れない。固く義経と同意しているため以前より勅定に背いて義経の召進に同意していない。今度も追求を逃れるために請文を書いているものの信用できないと述べたという。

このような大事な時期、事実上の「朝家」の独裁者後白河法皇は四天王寺に百ヶ日の参籠をしているため二月二十日から五月四日まで千部経を転読して毎日三時の護摩を修したという。そのため摂政兼実としては一々四天王寺まで使者を派遣してうかがわねばならず政治の進行を停滞させていたのである。

泰衡義経を殺害す

さて、大方の予想は泰衡は義経と結託して義経を召進するようなことはないと思われていたが、五月二十九日になって院参していた兼実のもとに一条能保《いちじょうよしやす》より連絡があり、それは義経が泰衡によって誅滅されたというものであった。

これは昨年の十月に出された泰衡が義経と同心していないのであれば義経の身柄を召進すべきであるとした宣旨が功を奏したことになる。兼実はこの知らせを聞いて「天下之悦」「仏神之助」「頼朝卿之運」といっている。幕府の記録の方は四月三十日に陸奥国で泰衡が義経を襲ったといい、これは勅定と頼朝の命令に従ったものであるといっている。

また民部少輔基成朝臣と義経とは衣河館で泰衡の数百の騎兵と義経の家人とが合戦して敗れ義経は持仏堂でまず妻（二十二歳）子（女子四歳）を殺害し、ついで自殺したと記している。

関東ではこの義経の自殺をうけてか翌月五月十七日に伊豆国流人前律師忠快を召し返すべきとの宣下が到着したとあるがその二日前に多くの公卿たちなどの召還が決められたという。前内蔵頭信基朝臣備後国　前中納言時実朝臣但不及城外云々　前兵部将伊明入道出雲国　藤原資定淡路国　前僧都全真安芸国　前法眼能国備中国法勝寺上座　前法眼行命常陸国熊野別当、など流罪が解かれている。これでみると僧も多いことが知られる。これは衆徒大衆の「悪僧」化の責任や義経与同の疑いによるものであろう。

義経の首鎌倉に届く

ところで五月二十二日に奥州からの飛脚が鎌倉に到着して追って首は進上する旨の報告があり、頼朝からも使者を京都に遣わし報告することになった。六月八日には京都に遣わした飛脚が帰参し、帥中納言経房より返報も到来している。それに六月十三日には泰衡の使者新田冠者高平が義経の首を腰越浦まで持参したとの報告があり、侍所の別当和田義盛と所司の梶原景時が実検を加えるためかの地に遣わされた。

義経の首は黒漆櫃に納めてあって美酒にひたしてあったという。鎌倉で実検したのは義経の死去後四十五日程経過していることと季節は夏であったことから、後年の「判官贔屓《ほうがんびいき》」とあいまって「替玉」説などの伝説を生み出す理由ともなったのであろう。

奥州への出撃準備

六月九日に鶴岡の塔供養が盛大に行われ、二十日には鶴岡の臨時祭が行われているが、その四日後に頼朝は奥州征伐の軍旗一流の調達を千葉常胤に命じている。義経なき奥州を攻撃する理由としては泰衡はすでに義経をかくまったという科と叛逆を助けたことで征伐に値するとして準備をはじめたのである。

十六日には奥州で合戦があり泰衡と弟泉三郎忠衡との間で戦われ追討したという。これは義経と与同したからだというのである。他方頼朝側は「奥州征伐の外は他事なし」という状況にあったというから兵糧米その他の準備と追討宣旨などを要請するとともに軍士には召集を指令し、鎌倉はすでに参加の武士は千人に及び侍所の長官である和田義盛、所司の梶原景時が奉行となって日頃から交名参加者（参戦の兵士の名簿）を報告しているという。

こうした参戦の意向はこれまでに恩賞地などを獲得した武士はこの機会にさらに確保することを期待したし、いままであまり恩賞地を得ていない武士は今度こそはといった気概のもとで結集したものであろう。

一方都の後白河法皇は長期間の参籠を経て二ヵ月後あまりたって今度は上西門院（鳥羽天皇の第二皇女で後白河法皇の准母）が死去したことにより門戸を閉じたため、職事はこれをはばかって奏聞をとりやめたり、たまたま参入しても伝奏の人がいないため「奏事」が通じないという事態が生じ兼実など公卿たちは困惑することになってしまった。

義経はなぜ殺害されたか

ここで義経の死去にあたって本書主人公の一人を失ってしまったこともあって、両者の対立から弟の殺害にいたる原因はなんだったのかを考えてみることにしたい。それを検討する前に一言いっておきたいのは、後世義経は悲劇の英雄として、あるいは「判官びいき」として評判がたかいのであるが戦争（合戦）のもつ残酷さ、悲劇的な人はもっと多くいることは知っておくべきだと思うのである。それらの悲劇は本文でもふれているが義経の側室《そくしつ》静の男の子（海に捨てられた）や義仲の子息義高をあげるだけでその点は理解していただけると思う。合戦はそうした悲劇を随所で生みだしていることを強調することは決して無意味なことではないのである。

さて、頼朝は何をもって義経を非としたのかというと、いくつかあるが、合戦上の問題でいえば、一つには義経の行動のとり方、指揮官みずからが戦功を独占するようにみられたこと、つまり勝利は自分一人の成果にしてしまうとみられ、これが他の武将や兵士たちの不満を生じさせたことなどがあげられる。

官位の問題でいえば、これは何も義経だけではなかったし、官位を与える権限は「朝家」の首長にあるが、こと鎌倉武士に関していうと頼朝配下の武士は頼朝の推挙によって得ることができるのである。いいかえれば頼朝に事実上の官位任命権があるということになるわけである。義経はその頼朝の許可（推挙）なしに「官位」を得たことが問題にされたのである。

さらにいえば後白河法皇の手法、すなわち平氏が強大となればこれに対抗する者を例えば義仲にもとめ、義仲が強大となれば他の源氏に期待し、頼朝が強大となれば叔父行家や義経に期待する、こうした後白河法皇の手法に義経がのってしまったといったこともあげることができよう。

勿論、これらについては義経の側から見れば異論があろう。義経にしてみれば頼朝は自分のあげた殊勲などを正当に認めずに功績のたいしてない者に目をかけたりする。また官位などの問題では義経自身が問題とされただけでなく、義仲滅亡後「義経専一之者」といわれた渋谷重助が処分されたり、種々の合戦に武勲をたてた義経の家人佐藤忠信《ただのぶ》についても「衛府」を拝任したとして処分をうけたりしている。また義経が問題としている点は頼朝が「骨肉同胞」の問題を無視していることであろう。

行家が頼朝に叛旗をひるがえせねばならなかった理由としては、頼朝と同様に反平氏に徹して戦った叔父（自分）を殺すように命じたことを知った時だといっているが、義経としても無実の叔父を何故に殺そうとするのかを問題としているのである。行家も義経もともに「骨肉同胞」を重視するのに対して、頼朝の側では彼等の行動をかなりリアルにみているのである。

例えば行家についていえば本拠である河内・和泉国で反平氏の行動を起こし、ついで義仲と組んで平氏とたたかったものの両者は離半した。行家は確かに反平氏軍で行動したし、何よりも以《もち》仁王《ひとおう》の令旨を各地の源氏に届けたことなどは評価しているが、合戦などでは指したる勲功をあげていないのに、頼朝の側につくこともなく自立的な活動に終始し、最後は義経と組み西国に隠れ忍んでいながら関東とは親しい間柄であると称して在々所々で人々を痛めつけ、加えるに頼朝に対する謀叛の志のあることが発覚したため追討することにしたというように、肉親の情といったものではなくかなり客観的にみているのである。

義経についてもかなりきびしくリアルにみて対処し、そこには極力「骨肉同胞」の関係を抑制して他の武士との関係を配慮しているのである。その一例としては各々の武士が殊勲をあげることをめざして戦っている時に指揮官みずからが功績を一人占めするようにみられることは近親重視とうけとられかねないし、各々の武士の志気にも影響するといった見方をしているのである。

兼実の義経の評価

当時は右大臣であった兼実などの義経の評価をみてみると、彼もまた「骨肉同胞」の関係を重んずる傾向がみられる。彼は両者の対立が決定的となり義経と行家とが都をあとに大物泊りあたりに落ちて行くことになった頃、前途をとげることなく国家の至要な人物が滅亡したとし、義経は平氏を破る上で大功をなしたものの仕方がないとした上で、それでも「武勇」と「仁義」においては後代に佳名をのこす人で歎美すべき人であるといっている。

ただし実質上は父にあたるような兄頼朝に謀叛の心を起こしたことは「大逆罪」であるといっている。さらに兼実は義経の要請により兄頼朝に追討宣旨を出すかどうかという時に、自分は頼朝に加担していると疑われるのを懸念したが、頼朝が義経の勲功をなきものとし、ほとんど義経の命を害しようとするのが事実であるならば義経が敵対しようとしたことは一応は理解できる。ただし義経と頼朝の間柄は偏に「父子」の関係にあるのであるから、たちまち兄に対する追討の宣旨を要請して殺害しようとすることは大逆罪であって自他ともに道理を失うものであるといっている。兼実は兄弟としてではなく「父子」の間柄だといっているのである。

この点ではかの南都の聖弘得業が兄弟の融和を説いて頼朝にそれを迫ったのとは異なる見解で、全体としては鎌倉時代では義経の方に非があるように受けとられた。これらは同時代人の義経に対する一つの見方ということができよう。

上西門院の死去による政治の停滞

一一八九（文治五）年八月中旬に、兼実は右大弁定長を通していくつかの件を院に奏しているのだが、その中に奥州の泰衡追討の件があって、二十日にはすべて天下のためもっとも御祈りがあるべきで早く指示するようにということであったが解らないところがあるのでなお明日うかがうということになっていた。これはどういうことだろうか。文面でみるかぎりでは兼実らの要望が認められて問題がないようにみえるのである。

だが問題が生じたのは上西門院（鳥羽天皇皇女で後白河法皇の准母）が七月七日に死去したことが関係しているのだった。というのは八月六日兼実は家司の宗頼に命じて院奏させているのだが、定能にふして申し上げていたもののいまだに伝奏するよう指示をうけたまわっていないと称して、直ちに申さず女房に申し上げるということだったという。

そのとき兼実が奏したのは上西門院の死去にともなって後白河法皇の態度は人はその御志の深さに感心するけれども、およそ太上天皇は正帝（天皇）と同じで御務をとめるのは三日を過ぎることはないとされている。後白河法皇が門戸を閉じたため職事ははばかって奏聞もしないし、たまたま参上しても伝奏の人はなくほとんど奏上することができない。兼実としては太上天皇は天子に準じて（三日以内）早く格子をあげるべきである等々と述べたという。

ところが法皇自身は八月九日あたりまでは「所労」といい、二十日頃になると追討の御祈りに対する奏聞については早く計って指示するようにといってはいるもののあまり関心がない模様で、その指示もはっきりしないところがあるというのである。この法皇はたびたび法皇の任務を投げ出してしまうことがあり、気紛れでそのワンマンぶりにははた迷惑をかけていたのである。

宣旨なき奥州追討の決行

ところでその年の閏四月末には義経は泰衡に殺害されたことは前述したところであって、義経なきあとでも関東では重ねて奥州追討の要請を「朝家」に求めてきているのである。ところが後白河法皇は義経が生存していた時期でも消極的であったが、義経なきあとではこの上なお奥州追討に及ぶならば天下の大事となるし、その年ばかりは猶予をという意向であった。

こうしたことから関東では許可がないので、宣旨なしの追討に苦慮し、結局は大庭景能の提言によって、戦時における軍事については将軍の指示を聞いて天子の命令は聞かなくともよいという一種の故事によって、奥州に対する軍事行動にふみきることにしたのである。こうして義経なき奥州の追討については、この年の七月十九日づけの口宣と同日づけの院宣によることになっているのだが、うけ取ったのは奥州の地でしかも九月九日であった。宣旨を持参した使者の言によると七月二十四日に奉行蔵人大輔より帥中納言経房に、同二十六日に武家側の能保に、こうして洛中を出たのが二十八日となっている。

ところで宣旨や院宣が出されたとされる七月十九日はかの上西門院の御事の前日であって、どうもこの日に出された形跡は見当らないのである。しかも七月二十一日あたりから八月十日前後まではすでに述べたように後白河法皇は門戸を閉じて、いわゆる「世間の沙汰」にはかかわっていないのである。そうとすれば七月十九日以前に宣旨や院庁下文を出すための手続きは完了していなければならないのである。しかしながら関東との連絡係でもある京都守護の一条能保が受けとったのが七月二十六日で出京したのが二十八日であるというから、奥州到着まで四十日程であるというのは如何にも長期間を要し過ぎる。

つまり使者のいう日程は「辻棲合わせ」のように受けとれる。これは上西門院のことなどにかこつけて奥州追討に消極的であった後白河法皇の承認が得られず、泰衡追討（九月三日）の終わった後の九日になってようやく関東方の奥州の地に到着することになったという追認でなんとか処理をしたということであろう。

奥州合戦

義経なきあとの奥州征服という問題は、頼朝にとってはもはや恐れるところがないといった見解もあるが、それ程簡単なことではなかったとみるべきであろう。

それは二つあって、一つは義経なき奥州、しかも院や頼朝の要請に従って義経の討ち首を鎌倉まで届けた泰衡を追討する大義名分はあるのか、さらには後白河法皇から追討の承認をえることができるかという問題である。

二番目は平氏を最終的に破ってからの本格的な合戦（戦争）のためには充分な準備、例えば兵糧や秣や馬や武具の整備や調達なしにはそう簡単に奥州を襲うわけには行かないのである。

前者の問題は朝家の宣旨や院宣による許可なしに突破したし、後者の問題では一年程の準備期間をかけて解決を計ることができたのである。あの義経参戦以前の範頼軍の厭戦気分のときと違って、大軍を結集し軍士らを好戦気分にかりたてたものがあったからであった。それはかつての合戦で平家没官領などの所領を恩賞などで得た武士にとってはこの機会にさらにという期待をいだかせるに充分であったであろうし、恩賞に預かることの少なかった者やあるいは得ることがなかった武士にとっては残された好機と映ったに違いない。実際に武士の結集にあたっていた侍所の長官である和田義盛や次官の梶原景時などは参戦武士の「交名」（名簿）が六月末あたりで千名に達したというから、それらの武士たちの好戦的な気分をじかに感ずることができたに違いない。

七月十七日には奥州出立について終日指示があり、三手に分れて出撃することになった。東海道の大将軍は千葉常胤、八田右衛門尉《うえもんのじょう》知家、北陸道は比企藤四郎能員、宇佐美次郎実政、大手の大将軍は頼朝みずからがなってはいるものの先陣は畠山次郎重忠が担っているから、彼が実質的な将軍ということになろう。この布陣は義仲や平氏追討などと比べるとその違いがはっきりしているのである。

というのは、そのときは大手の大将軍は範頼で搦手《からめて》の大将軍は義経であって、今度の大将軍はその時には後で支える役まわりであったのが、今度は彼らが前面にたって指揮をとることになっているのである。彼等はいわば源氏の「貴種」と違って歴戦の戦士であって合戦には打ってつけの武将なのである。

頼朝にとっては、ほとんど鎌倉にとじこもった感のある状態から久しぶりの中央軍の大将となって白河関を突破し、北上して伊達郡の河津賀志《あつかし》で国衡以下の奥州軍を撃破し、逃げる兵を追って八月二十二日には奥州軍の首都平泉に到着しているのである。北走する泰衡にはもはや父祖以来四代にわたって築いてきた地を守る気概も失せ自ら火をかけて遁走するしかなかったのである。九月の初め、さらに遁走をつづけた泰衡は家臣などの裏切りによってあえなく最後をとげたのであった。吾妻鏡は諸人郎従を合わせると参加の軍士は二十八万四千人といっているがこの実数値はともかく大勢の人達が参加したことは確かであった。

このような大軍によって奥州藤原四代で築いた権力は解体され、陸奥・出羽国は頼朝の支配下に属することになった。まもなく頼朝は両国の支配権を任されることになって両国の支配地域をおさめ、各郡、郷、庄園などに関東武士を地頭として配属したのである。

彼等が待ちのぞんだ恩賞については、千葉常胤を最初とし金師(金の産地のため)等には「違乱」のないように命じたあと各々恩賞に預かったという。畠山重忠《はたけやましげただ》は大木戸合戦で「先登」を他の武士に奪われたが確執することなく葛岡郡で甘んじたという。といっても郡であるからそう「最少の地」ではないだろう。その結果、傍輩達で数ヶ所の恩賞を得た面々も数え切れないほどであったという。

さき程奥州の合戦で武士たちが地頭に配置されたといったが失われたものに目をそらしてはならない。

奥州合戦の結果を衆徒が報告したものによると、①開山中尊寺塔四十余宇、禅坊三百余宇 ②毛越寺堂塔四十余宇、禅房五百余宇 ③無量光院 ④鎮守 中央惣社 東方日吉 西方北野天神 金峰山 北方今熊野 稲荷社等 ⑤館 平泉館 西木戸嫡子国衡家 同四男隆衡家 三男忠衡家 加羅御所(秀衡常住所で泰衡相継) ⑥高屋 観自在王院南大門南北路 東西数十町に及ぶ倉町、数十宇高屋、同院西面の南北に数十宇、車宿といった施設にも一定の被害が及んでいるのである。

この合戦の被害で見のがせない問題がある。というのは翌年の二月に頼朝は奥州合戦検見の使者を派遣しているのだが、その折にこの度の落人のうち郎等については みな召進するように、落人ならびに下人等については傍輩互いに喧嘩してはならないとあるのである。これによれば少くとも下人等については武士たちは互いに奪い合うといったことがあったとみてよいであろう。つまり「下人等」隷属民を労働力の確保などを含めて獲得のために喧嘩するといった事態があったということである。さらにこの奥州の地での合戦であることからかなり野蛮なことが行われたことが予想されるのである。というのは義経の畿内での捜索で中心的役割を果たしたあの北条時定は当然にもこの合戦には参加していないのだが、彼は奥州と遠く離れた河内国で「陸奥所」と名づけて公領（国衙領）を押領しているのである。彼の奥州で出羽国内を押領するためには陸奥所ということもあろうが河内国でこういうことをしているとは、といわれているのである。ここには奥州征服において所領没収などのあり方の反映をみる思いがするのである。

そういえば関東側では、泰衡を追討するにあたって彼は源家累代の家人であってその所領をうけ継いでいる者なのだから、「朝家」の論旨が下されなくとも治罰を加えることには何も問題はないといっていたし、勝利後の合戦の次第を帥中納言に送った消息で、打取った泰衡の首は進上すべきではあるが遠方の地であることと、さしたる貴人でもない上に「相伝の家人」であるから「進上」しませんといっているのであるが、政略的ではあれ秀衡時代では対等な関係にあるなどといっていたがこのように代々続いた（相伝）「家人」だなどといっているのである。こうした点などからも奥州合戦の性格はみておかなければならないのである。

なお、ここで同時代人の慈円《じえん》の「頼朝の奥州征伐」についての感想を紹介しておこう。

「其後文治五年七月十九日ニ、鎌蔵（倉）ヲイデ、奥イリトテ、終ニ、ミチノ国ノ秀衡跡安（泰）衡ト云打トラント頼朝ノ将軍思ヒケリ、尤イハレタリ、カレハ誰ニモ従ハヌヤウニテ、ミチノ国ホドノ国ヲヒトヘニ領シテアレバ、イカデカ我物ニセザラン、ユユシク出デタチテ攻入テ、同九月三日ヤスヤスト打ハライテケリ、サテミチノ国モ皆郎従ドモワケ取セテ（後略）傍点著者」

この慈円の愚管抄《ぐかんしょう》の一文からも奥州の陸奥出羽国の領有に頼朝がなみなみならぬ意志をもっていたことが読みとれるし、輩下の武士に分け取らせた模様を知ることができるのである。

また慈円はこの北国の国を偏えに領しわがものにしている様（＝王国）が語られており、この国が関東の武士郎従どもに分け与えられているさまもかたられている。多くの武士がこの合戦にかけていたのはこのことだったのである。

一例をあげれば式部大夫親能は「文士」ながら合戦にも参加したことのある少しかわった人物であるが、彼はこの合戦にあたり、大友能直を猶子にして、文士出身の親能では不充分と思ったのか「勇敢之誉」たかい宮六国平に彼の緒戦の指導を依頼し、できればこの奥州合戦で戦果をあげることを期待したのであろう。そして実際にも阿津賀志山の戦いで国衡の近親郎等を討ちとり、その功績により大友能直はその後も親能ともども順調な発展をとげたのである。

第十章　頼朝征夷大将軍となる

頼朝上洛

一一九〇（建久元）年七月、頼朝は法橋昌寛を六波羅《ろくはら》の新造御亭の奉行にあたらせるため使節として上洛させているが、これは自身の上洛時に使用するためでもあった。一方の兼実《かねざね》の方では円勝寺領の板垣兼信、山田重隆、高田重家らがいまだに配所に赴いていないため院より頼朝の上洛以前に行かせるよう命じられている。

兼実自身としては頼朝に授ける「官位」のことについて奏上し、その翌日に右大将を兼任している右大臣兼雅《かねまさ》に告げている内容は、もし頼朝を右大将に任ずるのであればこの職を退官するのを惜しんではならないというものであった。これはこのポストを頼朝に与えるための下準備として兼雅に働きかけ退官を促しているのである。頼朝にふさわしいポストとしては右近衛大将がもっとも妥当なものと考えてのことであろう。

この年の十月、頼朝は精兵一千余騎を率いて鎌倉を出発し、十一月七日には六波羅の新造亭に到着したという。この隊列の先頭は奥州合戦で大手の頼朝軍の先陣を務めた畠山重忠《はたけやましげただ》で法皇をはじめとして公卿《くぎょう》たちはみな車で賀茂の河原に出向えて、はじめての東国地域の主、「あづまえびす」の頭《かしら》に見入ったのであった。

翌日には院より家実が奉行となって頼朝の賞についての指示があったので、兼実は以前からの考えである右近衛大将に任ずべきであるとの考えを述べたという。兼実としては頼朝がひそかに希望している征夷大将軍《せいいたいしょうぐん》は無理とみて、その代わりに常置の武官の最高の位置にある右近衛大将がふさわしいと考えたからであろう。翌九日には彼は院参して後白河法皇や後鳥羽天皇と謁見《えっけん》している。

兼実と将来を語る

この日鬼間で兼実と頼朝は懇談している。ところでこの夜小除目《じもく》（除目とは大臣以外の諸官職を任命する儀式のことをいう）があって、頼朝は権大納言に任命されている。頼朝としてはすぐ辞退するつもりであったが、推して任命されたという。またこの日頼朝と兼実とは法皇や天子のこと、兼実のことや頼朝自身のことを語り合ったというがその大要は彼の日記「玉葉」に記されている。

それによると、あの文治元年末の義経問題で後白河法皇は一時責任をとって院政をやめるとまでいっていた。主権者である帝王（天子）は二人というわけにはならない。それ故現在では法皇が思うがままに政治をとっているため天子は皇太子（春宮）の如き存在である。したがって今度はまず法皇に主権を帰すことにしたのである。さいわいにしてあなた（兼実）もまだ若くて先はながい。私にも運があれば法皇御万歳（法皇死去）の後にはいつかかならず天下の政治を正しくする日がやってくるでしょうといったという。

さらに兼実との関係では、私は表向きはあなたとは疎遠をよそおっているが実はそうではなく深く思うところがあってそうしているのである。つまり、後白河法皇や側近の院近臣たちの聞こえを恐れているために疎略な態度をとっているにすぎないといったという。この頼朝の発言に対しての兼実の感想は「はなはだ甚深なり」とコメントしている。

頼朝はさらに続けて父義朝《よしとも》の逆罪にふれつつ自らを「朝大将軍」であるといっている。これはこの日に「大納言」に任じられてまもなくこの国家の常設の武官の最高の地位である右近衛大将に任命されることが確定（任命されたのは同月二十四日）していたのでそのようにいったのであろうか。もっともこの任官はすでに述べたように兼実のさしがねで右大臣兼雅に右近衛大将の辞状を提出させていて、それをうけて頼朝の右近衛大将は実現したのである。こうして十二月一日には右近衛大将の拝賀の式が行われたのである。

もっとも、征夷大将軍を望んでいたためか、右近衛大将（右大将）では満足できなかったのか、早くも右近衛大将及び権大納言の両職の辞状を提出している。権大納言についてはつねづね遠国に住んでいて「公務」の子細を知らないといっていたから辞退するのは当然だとしても、右近衛大将までも辞職を申し出たのは何故であろうか。求めていた「征夷大将軍」が実現しなかったことで「朝大将軍」では不満だったのであろうか。ところで頼朝は今度の上洛にあたって多くの献上物を持参し献上している。

院・内裏などの献上品

その事例をあげてみると、

①十一月十二日、左大丞定長を通じて院に進上したものは砂金八百両、鷲羽二櫃、御馬百疋。禁裏（天皇方）には龍蹄十疋であった。

②同月十五日には終日仙洞（院）で過し内台盤所に長絹百疋、綿千両、紺絹三十端など進呈。

③十二月七日、御所女房三位局に餞別として扇百本を送る。

以上でもあきらかなように進上品の大部分は院及び院内台盤所であった。これは兼実との話のなかで天子（天皇）は春宮（皇太子）の如きものといっているように、実質的な権限をもつ院を重視した結果であろう。十一月七日に上洛し約一ヶ月程滞在して洛中を離れたのであるが、その間石清水八幡宮などの寺社を詣でているが、なんといっても院との接触を一番重視した結果が献上物にも現れたとみてよいであろう。京と鎌倉の二大権力の首長がこの十年間程たがいにはげしく対立しわたりあってきたが、そこで何を語りあったのかあきらかにされていない。

こうしたことであるから摂政兼実を除いては内（内裏《だいり》）の方は二の次だったのである。十二月十一日に頼朝はふたたび兼実とあって三点について話しあっているが、兼実は具体的に記すことはできないといっているので、確かなことは日記でも不明なところがあってはっきりしない。

日記によれば、第一は天下の政をすぐさまもとの如く（天皇親政）に正しく直すことはできないが自分としてはいったことは怠りなく実現するように務めたい。第二の点は「世間の事」（政治の世界のこと）は将来までも………（以下不明）第三点は頼朝の息女の祝言のことは信用してはならないといっている。このことは頼朝の息女大姫《おおひめ》の祝言はないから世上いわれていることは信用しないようにということでろうか。というのは前年の十一月、兼実の皇女の入内が決定され名字選び、日次、屏風の詩題などが話し合われていたのである。

こうして年があけて一月十五日に兼実の息女「任子《にんこ》」（十八歳）の入内が実現し、この日はかの宇治殿（藤原頼通）以来絶えてなかった木幡と多武峯《とうのみね》に皇子隆誕のお祈りを行っているのである。この第三点は頼朝の息女大姫の入内が浮上していることに気づかって打ち消したのであろう。

以上のことなどでもあきらかなように頼朝が兼実に何を語ったのかはかなりの程度あきらかであるが、肝心の後白河法皇とは余人をまじえずに長時間にわたって語りあっているのであるが、何を話し合ったのかが不明であるのは残念である。十一月十五日には頼朝は院で過ごし内台盤所には多くの進上品を献上していることは兼実としては気になることではあったであろう。

泰衡追討賞で十人が任官

洛中で過ごした最後のあたりで院参し関東御家人十人が成功銭を納めて左右兵衛尉《ひょうえのじょう》と左右衛門

尉にそれぞれ任命されている。これは頼朝の勲功賞（泰衡《やすひら》追討賞）として二十人を推挙するよう求められ辞退したものの再三の勅命により以下の十名が推挙され任命されたのであった。

左兵衛尉	平常秀	祖父常胤 勲功賞譲	同景茂	父景時 同賞譲
	藤原朝重	父知家 同賞譲		
右兵衛尉	平義村	父義澄 同賞譲	同清重勲功賞	
左兵衛尉	平義盛	勲功賞	同義連	同賞
	藤原遠元	同賞 元前右馬允		
右衛門尉	藤原朝政	同賞 元前右兵衛尉	同能員	同賞

以上の十人は祖父や父の譲りをうけたものと本人の受賞であるが、いずれも挙兵以来かつ奥州合戦で活躍した武士たちであった。

なお、頼朝一行の関東下向にあたってある事件が起きている。それは伊豆守仲綱《いずのかみなかつな》の子息で駿河守広綱が突然逃亡してしまったため皆が仰天しどうしてなのか解らないとあるが、源家一門で駿河守に任じられそれなりの処遇をうけてはいたものの不満をもっていてこのような行動に走ったようである。後に子息が現れてそうした主張をして隠遁した父の立場を弁護している。

公家新制（公家法）に頼朝の名が登場

一一九一（建久二）年になってからは前年度より準備されていた新制（正しくは「公家新制」といい律令の追加法にあたる）が整備され、三月二十二日に新制十七ヶ条として発布されている。この新制には武士の戦場での活躍が法律上にもあらわれているのを知ることができるのである。

例えばかの保元《ほうげん》の乱頃の保元元年の新制では「九州之地は(全国の意味)一人の有也。王命の外は、何んぞ私威を施さん」とあったものが三十五年後後の建久二年令（新制）では「上和下睦之世」とあって上（朝家）と下（武家）といった上下関係としての位置づけはありながらながら「和睦之世」といっており、第十六条の「可令京畿諸国諸部官司搦進海陸盗賊并放火事」という法令では、はじめて頼朝と京畿所部官司等に命じて海賊以下の者たちを搦め取るよう命じているのである。

さきに頼朝は右近衛大将を辞任しているのであるが、このように公家新制では法文上でもその役割を公認されていて「前右近衛大将源朝臣」となっているのである。このようにせざるを得なかったのはとくに朝家直属の検非違使庁《けびいしちょう》などが担うはずであったが以前から機能せず、治安維持にあたっては武家の力を借りなければならなくなっていたからである。

中原広元の任官問題

次は一一九一（建久二）年四月一日に行われた除目で摂政兼実は因幡前司中原広元《なかはらひろもと》（政所《まんどころ》の別当（長官））が明法博士《みょうぼうはかせ》と左衛門大尉に任じられ使宣旨を蒙ったことを問題にしている。つまり、中原家はすでに「文筆之士」であって期するところは大外記明経博士であるべきであるというのである。このことについては兼実との対立がはっきりしてきた源通親がいさめたが広元はそれに従わなかったという。

もっとも、この見解には異論があって、通親はいさめたというよりはその実現に務めたという見解がある。兼実はその批判を頼朝にも向けこうしたことを認めるようでは頼朝の運命も尽きてしまうとまで日記に記している。鎌倉側で問題となったのは半年程後の十月で、頼朝は上洛中の広元に対して明法博士などを辞任するよう指示している。

つまり、関東では従来から頼朝に仕えている者は「朝家」の「顕要之官職」について、みだりに兼任することは禁じられていたのである。そのため上京中の広元は翌年の二月十一日になって左衛門大尉検非違使職の辞状を提出し、その案文（控として書き写した文書）を鎌倉に送っている。なお、この広元の任官にあたって激しく反発した兼実はその背後に宿敵の公卿通親の影をみたからであろう。この頃から源通親と広元とはかなり親密な関係になっていて、兼実の怒りをかっていたようである。

比叡山と佐々木氏の対立

一一九一（建久二）年四月、たびたび義経問題で対立し衝突していた比叡山と、今度は近江《おうみ》国の住人で鎌倉御家人である佐々木氏との間で事件が発生した。例の一条能保《いちじょうよしやす》が兼実に使者を送って伝えているところによると、近江国の佐々木荘という荘園は延暦寺《えんりゃくじ》千僧供の荘園で寺家側としては庄官でもある佐々木氏に未進があるとして日吉社の宮仕の法師数十人を遣わして佐々木定綱《さだつな》の住宅を譴責《けんせき》し、ついに放火し近辺の人屋までも焼失したという。この行動をみると年貢米の取りたてを計ろうとしたのであろう。

この時、定綱は上洛中で現地にいたのは子息定重たちであったが定綱の郎従たちは出撃して宮仕の法師たち一両人に刃傷に及びこの間誤って神鏡を破損したという。この「意趣返《いしゅがえ》し」として寺家側は定綱の京の住居を焼失すべしという態度をとっているとの風聞があって大事になろうとしているのでどのように指示すべきかということであった。兼実の返答はこの能保の書状をもって座主《ざす》にたずねてみること、他方で検非違使の別当に報告すべきであるということであった。さらに衆徒の入京はあるのかないのか、さらにまた洛中の定綱には自重して、ふたたび狼藉をすることのないように指示し、このことの成敗は「法皇還御」の後に決めたいので双方の濫行は禁止するというものであった。

兼実はこうして家司宗頼を召し、座主顕真の許に遣わしてまず狼藉を制止するよう指示している。翌日、宗頼は座主顕真の請文をもち返っている。請文は今度の事件は「山門騒動」に及ぶ可能性がある。およそ近日の山上は飢餓で近江国中に道理のない指示が充満しているため、しきりに禁止を加えているのだが、承認がなくこのような大事になってしまったという。

このようにみてくると両者の対立の根底には飢餓ということで年貢上納が思うに任せず、庄官でもある武士が責められたようである。そこでしばらくは後白河法皇の「還御」を待ち、また関東に触れ遣わすので狼藉を停止するよう御教書を賜りたいというものであった。兼実はこの座主の請文を能保に伝えると同時に、座主の要望通り御教書を賜わるようにしたいと答えたという。

五日の午の刻には延暦寺の所司、三綱、日吉社の宮仕らが兼実の家司右衛門権佐長房に謁見し、三綱らがいうには佐々木荘に若干の未済があったので宮仕法師らを遣わし譴責をしたところその間に自宅に放火し宮仕らは打消したがなお火をつけ焼失してしまったという。そして宮仕らが帰ろうとしたところ数十騎の軍兵が出て来て多くが疵を負わされ命を落した者が二〜三人にのぼったということであった。

こうして山門の訴えにより「朝家之御大事」になったという。今度の軍兵たちは神人の黄衣を引き破ったばかりでなく社頭の樹木等を伐るなどの狼藉を行ったという。そこで定綱ならびに子息らを衆徒中に賜りたいというものであった。こうして院に訴える奏状については兼実に読んでもらったものを奏聞することにし、三綱の一人を南山にさしむけ、かねて所司の一人を関東に遣わすという態度に出ている。

またそもそも来たる十九日は日吉の祭りであるが延期するという所司三綱の申状とそれに奏状一通がそえられていたという。兼実はこれをみたあと定綱らの濫行は「天聴」に達するならば定めし罪科に課せられることになろう。だが法皇還御以前に私的に成敗することはできないといっている。

こうみてみるとかつての義経与同者の問題で叡山を追求したような関東の態度はみられないこと、摂政兼実は後白河法皇の「還御」以前には成敗することはできないとして法皇には頭があがらない姿勢がみられる。結局は兼実としては関東と南山（法皇のいるところ）に使者を遣わすのはもっとものことで当然ではあるが、法皇の還御は近いのだからその成敗を待つべきだといっている。こうしてみるとこの問題をさばく朝家の側の権限は兼実にはなく誰がもっているかはあきらかである。

月末の二十六日には慈円《じえん》から山門の衆徒らがただ今洛中に下山したとの知らせがあって、兼実は人を遣わして調べさせてみるとその通りで京極寺で集会を行うとのことであったという。このあと内裏に参内した兼実は検非違使別当である能保に対して官人ならびに武士を催促して陣口の警固を命じたが官人らはおらず志府生らが僅かに二〜三人でその他はみんな院に「伺候」しているという。

そのため別当能保に対して院に行き院の近臣（側近）たちに伝えさせたという。武士は頼朝の侍三人、それに洛中警固の任にあたっている平六左衛門尉《さえもんのじょう》時定、佐々木高綱《たかつな》、同成綱の郎等らを合わせても五〜六十騎にも達していないという。

また遠江守安田義定《よしさだ》の郎従等十騎ばかりでこれらを召したものの全くの弱体であるという。そこに光綱が来たので彼を使者として報告させることにしたという。

こうして兼実としてはこの問題を解決するためには座主以下門徒僧綱《そうごう》ならびに公卿らを院に召して協議するしかないとの結論に達したという。その間にも衆徒らはたちまち陣に近づき二条より西行して町辻（陣口）にせまっているというし、官人の両三人と安田義定の郎従たちは町辻を固めたという。

こうした時にあたり、検非違使別当能保がいうには洛中の警固の任にある北条時定はただ今はおらず尋ね探しているが何故かこないという。兼実は両三人のうち高綱は定綱の弟であるから先頭に立って大衆に立ち向かうと定めし不慮の事態が生じかねないとして一線から退くよう求めたという。

またその間にも衆徒大衆《しゅとたいしゅう》がみだりに陣中に乱入することは道理に背くものであるから退くよう指示させたという。だが守護の武士と衆徒大衆の相互に刃傷沙汰があったが強く制止を加えたため大事にいたらなかったという。

ところでしばらくしてもどってきた以業の報告によると、衆徒大衆は院中に参入する気はなくただ訴訟の成敗のみを望みとしているので、趣旨をもれなく奏状に載せてまず言上したいというものであった。

だが大衆らがいま申請しているのは定綱らの死罪を求めているのであるから、かの南都焼打ちの首謀者である平重衡《しげひら》と対比するならば、彼は公卿の身であっても斬刑を遁れることができなかった。定綱の場合は叡山を滅亡させようとしその官位を比べると重衡には及ばないが「死罪」は当然だと主張している。さらにこの間、衆徒大衆は官軍を打ち破り殺害があったとの告げがあったため、兼実は大夫史隆職《たゆうのふひとたかもと》に重ねて大衆につげさせたという。

つまり訴訟の訴状を早く院に奏上するならば御定めにしたがって指示があるはずだと。そこでまず衆徒は狼藉をやめるべきで、もし朝威をはばかることなく濫行を続けるのであれば違勅罪になるだろう。今度の衆徒の行動はあまりにも自由な振舞ではなはだいわれのない行為である。なお退去せずにいるならば定めし後悔することになろう。この兼実の指摘で衆徒側はようやく撤去することになったものの「飛礫《つぶて》」がとびかう事態がみられたという。

こうした衆徒大衆の行動なり叡山の態度をみると、義経問題の時とは逆に攻勢的であることが知られる。あのときは守勢であった叡山が、洛中の警備体制が手薄であったにしてもこのように押しまくっているのは何故であろうか。考えられることは関東の地位が上昇するにつれて地頭荘官となった武士たちが荘園公領などの年貢の徴収にあたって農民からは一定度収奪していながら寺家に滞納することで宮仕（神人）や衆徒との対立が激化するにいたったということであろうか。佐々木定綱の居宅＝館を譴責し、ついには放火し近辺の人屋をも焼失したということは（衆徒のいいぶんはこれと少し異なるが）そうしたことを物語っているように見えるのである。

また義経やその家人たちの追捕に大いに力を発揮した北条時定は、どうして現れなかったのだろうか。神人の黄衣を破るとか神鏡の破損といった宗教勢力との対決を恐れてのことであろうか。

結局はこの問題は兼実の家司宗頼が帰ってきていうには、公卿の評議は院庁ではなく禁中でということだったので、兼実としてはしかるべき公卿を召して行うことにしたが、左衛門督通親、民部卿経房、平中納言親宗、左大弁定長は出席したものの実房、忠親卿などのしかるべき人は参加せず追って実家卿、光雅卿が加わったが兼実は人数がはなはだ不足と嘆いたのであった。

これより先に叡山側の座主顕真以下の山門の僧綱等十人あまりが殿中に参り、僧綱らは陣の辺に集まったという。こうした中で兼実は公卿に対しどのように大衆に指示すべきか意見を求めたところ、公卿一同がいうのには定綱を衆徒に渡すのはよくない。では今後どうするか。まず衆徒をいましめ、その所行は一々不当であること、当時の裁断である定綱の流罪、下手人の禁獄は決して軽いものではないことを説得するというものであった。

こうしてこの問題は曲節を経て院の御教書ができ奏聞となり「叡慮」にかなったものとして院《いん》宣《ぜん》が下され、衆徒大衆はこれに従うように命じ定綱の流罪でよろしいとして基本的には解決したことになった。四月二十六日には口宣と二十八日には院宣が五月八日に鎌倉にも到着している。四月二十九日には定綱の罪名は「左衛門尉定綱薩摩国」ということになっている。定綱の刑の確定にあたって衆徒側の死罪要求に対して「死罪」は「わが朝では行わざる法である」とか「わが朝の法では遠流に過ぐる刑はない」などと朝家側が反論しているのは苦しい弁明である。というのは本書のはじめの方で述べているように、保元の乱で「死罪」は復活したというのが当時の一般の認識であるからである。

勿論、これは定綱らの行為が死罪にあたるかどうかなどの問題とは別個のことである。今回、鎌倉側ではこの朝家による処分を結局は認めざるを得なかったのであるが、三善康信《みよしやすのぶ》が起草して泰経に送った奏状、院に対する鎌倉の訴え（見解）の一節には、彼等の行動は「あたかも木石と異ならず」とか「逆徒」というのが精一杯というところであった。これに関連していえばかなり重要な鎌倉側の意志の表明の草案などはこのように問注所の長官であり、都に通じている三善康信とか大江広元などの側近によって書かれていて、後白河法皇もそうであるが頼朝の顔が仲々見えないのがもどかしいかぎりである。延暦寺もいわば荘園領主であるから年貢滞納は見過ごせない重要事であって、このような強硬な態度をとって庄官でもある佐々木氏に対決したのであろう。

山法師（衆徒）の動き

この佐々木定綱流罪問題に関連してさらにつけ加えるとすれば、叡山の衆徒大衆は、かつて院政の創始者白河法皇の「賀茂川の水、双六《すごろく》の賽《さい》、山法師は、是れ朕《ちん》が、心に従わざる者」といったというがこの言葉はどうも関東の武士たちにとっても頼朝にとっても「山法師」については大変な存在であるとみていたのではないかと推測されるのである。

義仲《よしなか》や行家《ゆきいえ》は、叡山ではないが南都の衆徒を軍事力として評価していたし、平氏と叡山との蜜月の一端は本書でもふれているところである。この処分の決定にあたって矢面に立ったのは勿論兼実であるが後白河法皇に忠実であった兼実は法皇が洛中にもどってこない前に「私成敗」することはできないと度々いっていた。「殿上の議定」とはいっても独裁者後白河法皇の承認のもとで決しているのであって、叡山はそのように強力（宗教の力もあって）だったのである。だが摂政兼実も時には顔のみえない面があるが、それは後白河法皇に対してあまりにも忠実であるからであろう。

なお、この事件の流人《るにん》は定綱一人ではなく広綱、定重、定高のうち次男の定重については流刑をとめて梟首《きょうしゅ》となっている。これは寺家側の意向を一部受け入れたからである。なお再言することになるがこの事件の発端は佐々木氏の年貢未進が原因であった。佐々木氏は延暦寺の庄園から年貢をとりたてる庄官でもあったから軍事費や兵具などの調達は必要ではあるものの、武士だけの未進とばかりはいえないこの時期の農民の抵抗も視野に入れる必要があろう。

後白河法皇死去

建久初年の段階で重要な問題として、次に後白河法皇の問題をとりあげたい。彼はある意味では本書の頼朝と義経の二人にとって最重要な人物といってもよい人である。この時代関東の武門の棟梁《とうりょう》であった頼朝は国全体の「朝大将軍」となるにいたったがその「朝家」の政治の中心に君臨していたのが後白河法皇であり、その人の死をとりあげる。

この時代をとかく「源平」との合戦といったように、武士同士のたたかいと理解しがちであり、確かに武士の覇者をめぐって清盛・宗盛《むねもり》・義仲・義経・頼朝といった具合に争ったことは事実であるが、この時代は国家の体制としては「院政」とか「王朝国家」といわれているのである。この体制の中心にいたのが後白河法皇で、頼朝ばかりでなく平氏も大軍を動かすにあたっては「官軍」であることが必要であり、武者の覇者となり「官軍」となるためには「宣旨《せんじ》」とか「院宣」を必要としたのである。というのは諸国の兵士を動かすにはかの「奥州合戦」では「宣旨」や「院宣」は間に合わず軍事行動に移ったが、たとえ辻褄合わせであっても結局はそれが出されていたし、建久二年の「公家新制」という法令での頼朝の位置づけとしてはさきにふれたように「前右近衛大将」なのである。

このような位置づけが定着する以前、すなわち平氏を最終的に打ち破ったあとの義経問題で、頼朝がもっとも恐れ注目していたのは後白河法皇であり、法皇も又頼朝を武家最後の好敵手とみていたのである。この法皇がある時期、摂政とともに政治の世界からの隠遁を表明したのも、義経に頼朝追討の院宣や宣旨を出し関東からの追求にあった時であり、一方の頼朝がこの法皇をどのようにみたのかが赤裸々に語られているのは、第一回の上洛で摂政兼実と会談した時である。その時、頼朝はこの国の主権者は後白河法皇であってこの人の死後に希望をたくそうとはっきり語っていたのである。

一一九二（建久三）年二月、関東では政所別当広元を使節として上洛させているが、これは昨年の旧冬から後白河法皇の病気が重いからであった。三月十三日に死去された後白河法皇について右大臣・摂政として仕えてきた兼実は簡単に二つの点を指摘している。

その第一点は保元の乱以来四十余年間、天下を治めてきたこと、深く仏教に帰依していたことなどをあげて評価しているが、後段では恨むべきは「延喜天暦の古風」を忘れていると批判している。摂関家の出身で摂政を務めてきた兼実としては「天皇親政」が本来の姿であるとみてその立場からの当然の感慨であろう。「延喜天暦の治」で有名なのは延喜二年の荘園整理令、延喜十四年の三善清行の意見封事、天暦元年の倹約令、物価引下令等が想起されるがこれらを兼実の言葉で「延喜天暦の古風」といっているのである。

この考えは時代が下って北畠親房の「神皇正統記」などでも理想的な時代として美化されているが、兼実などが評価しているのは院政批判、天皇親政の擁護論からで摂政としては当然であろう。

それにつけ加えていえば延喜天暦の中間には承平天慶《じょうへいてんぎょう》の乱（将門《まさかど》・純友《すみとも》の乱）があって決して

理想的な政治が行われたとは言えないことを指摘しておきたい。一方の関東では吾妻鏡で簡単にふれ後白河法皇は六十七歳で死去し、いわゆる「治世」は四十年でこのような長期にわたった人はほとんどこれまでいなかったといっている。

征夷大将軍に任命さる

第一回の頼朝の上洛のとき頼朝が兼実との話合いで語ったという「法皇御万歳」の後にはいつかかならず天下の政治を正しく直す日がやってくるであろうという時がようやくきたのである。後白河法皇の治世ではこの王朝国家で頼朝が認められた地位は権大納言ならびに右近衛大将であった。頼朝はまもなくこの地位を辞退しているが「前右近衛大将」といった具合でこの地位を生かしてはいたようである。後白河法皇が亡くなられて四ヶ月後の七月十二日に頼朝は征夷大将軍に任命されている。この間の任命の事情については頼朝はもとより希望していたが達せられなかったものの法皇崩御の後、最初の朝政で沙汰があって任命されたという。これは摂政兼実の意向で決められたものであろう。このいわば辞令を勅使から

源頼朝

受け取る役目は三浦義澄《よしずみ》が担当した。

ところで「右近衛大将」という軍事上の国家の常設の軍事警察の最高指揮官の地位を頼朝はすぐさま辞退したということは、この国家体制からの自立を求めることであるとすれば一応は理解しうるのであるが、翌年の公家新制では「前右近衛大将」ということで再び位置づけられているのをどう理解するのかという問題が残る。他方で「征夷大将軍」であれば何故よいのか解りにくい。

というのは征夷大将軍とは古代の律令国家が東北地方の人民である「エゾ」といわれている人達を征服するための軍司令官に与えられた称号であって、しかも臨時の官職であって目的を達したあとは当然にも空席であった。源平争乱の過程で源義仲に与えられた（一説には征東大将軍）のだが、こうした実質的には意味をもたない官職を与えることに後白河法皇は何故に拒否の態度をとったのかも解りにくい。国家体制の上からみればその目的を達しほとんどその役割を終え、武官の実質的というよりも象徴的意味しか持たないもの、いわばその伝統的権威に頼朝たちはあこがれを持ったとしかいえそうもないものを求めたということであろうか。さらに政治的影響力のあった後白河の死去によって政治が大きくかわるということもなかったことも知っておくべきである。

第二回目の上洛

一一九五（建久六）年二月、第二回の頼朝の上洛は御台所政子《まさこ》や男女子供をともなって行われた。この時期での朝家との関係でみれば後白河法皇はすでになく親鎌倉派公卿であり関白兼実の指導よろしく関東との関係は円滑に進行していた。

もっとも、二年程前に北条時政《ときまさ》の腹臣であって代官でもあって、彼の義経の畿内中心の捜索活動などで活躍した北条時定が京都で死去している（四十九歳）。その他の関東方でいうと弟の範《のり》頼《より》、安田義資とその父義定らの甲斐源氏などが謀叛のかどで排除されている。

これは待望の征夷大将軍の地位を獲得したあとであり、第一回目の上洛を終えてもどった翌年の正月十五日には（鎌倉にもどって二週間程）政所の文書はじめをおこなっている。「前右大将」という肩書きを利用して御家人たちに下す文書も頼朝自身が花押（サイン）を加える形式をとりやめて政所別当（長官）中原広元などの家司だけが署名し、花押を加える「前右大将家政所下文」という形式にかえこのように機関中心で行なうことになった。

勿論、こうしたきりかえに対しては挙兵以来の功臣である千葉常胤《つねたね》はこれに異論を唱え、側近官僚の政所職員たちの署名だけでは不充分とし、頼朝自身の花押のある旧式の文書をそえて下してもらっている。機関中心ではなく将軍とのパーソナルな関係こそが血のかよったものと重視したからであろう。こうした旧の様式で千葉氏同様の待遇を得たものとしては下野の有力武将小山朝政の場合が確認されている。

さて二度目の頼朝の上洛の目的は修造を終えた東大寺供養の出席やその他の寺社巡礼でとくに政治的な目的はないかのように見受けられたが、それにとどまっているとはいえないのである。頼朝は参内して二度程兼実とも話合っている。さらに民部卿経房とも話合っている。兼実との一回目の話合いは深更に及んだというし、二度目は「都鄙理世事《とひりせのこと》」の話題が中心であったという。

このかぎりでは後白河法皇なきあとであるから遠慮することなく話ははずんだようにうけとれるが、両者の今後の政治的課題を率直に出しあって話しあったとは思われない。

もっとも親鎌倉派の公卿である民部卿経房とは「旧院御代事」（後白河法皇の御代）や当時の「御世務事」に関して数刻に及んだという。だが丁度建久六年二月より「玉葉」の筆者は兼実の子息良経の筆になったこともあってか、さしたることを話合った様子もなく、この四月に頼朝に馬二匹を送ったが甚だ少ないなどとある。

さて洛中の平氏軍の追討にあたり頼朝に期待した兼実は「威勢厳粛、其性強烈、成敗分明、理非断決」といった評価を行ったことがあったし、弟の慈円は第一回目の上洛で十一月九日に権大納言、同二十四日に右近衛大将に任じられ十二月三日に両官を辞した頼朝について「モトヲリフシフシニ正二位マデノ位ニハ玉ハリニケリ、大臣モ何モニテアリケレド、我心ニイミジクハカライ申ケリ、イカニモイカニモ末代ノ将軍ニ有ガタシ、ヌケタル器量ノ人ナリ、大将ノヨロコビ申ニモイミジクメズラシキ式ツクリテ（中略）我車ノシリニ七騎ノ武士ヲヨロイキセテ、カブトハキズ、タダ七人具シタリキ、ソノ名ドモハタシカニモ覚ヘネバ略シヌ、見ル人コハユユシキ見物カナト申ケリ（後略）」（愚管抄《ぐかんしょう》第六、傍点著者）

慈円をはじめほとんどの人がはじめてみる頼朝をこのように高く評価しているのである。しかしながらその頼朝も大姫問題、都の公卿兼実や経房と違った人々とどう関係を結ぶかでは苦慮していたようである。

この大姫は政子と頼朝の最初の子供で、すでにふれていることであるが、一一八三（寿永二）

年頃、頼朝と対立するようになりそれを打開する一つの方策として義仲はいわば人質として子息清水冠者義高《しみずのかんじゃよしたか》を鎌倉に送り一応婚儀がととのい和解することができたのである。このときの大姫は五~六歳で義高は十一歳であるから政略的なものであることはあきらかである。ところが両者はまもなくふたたび対立が深まり翌一一八四(元暦元)年正月には義仲は範頼や義経軍の攻撃をうけ敗死するにいたった。

この結果、義高の処遇が問題となるのだが、頼朝にしてみれば父を殺され清盛の継母池禅尼《けいぼいけのぜんに》のはからいで一命をとりとめ流人生活をした身としては、このうらみをいつかはらそうとして一定の地歩を築くことができたのであって、こうした自分の経験からしてもこの少年をそのままにすることはできない。義高を助けようと計った人々の反対を押し切って殺害を決意し、ひそかに鎌倉を脱した義高を武蔵国の入間川の川辺で殺害させているのである。

こうした頼朝の行為は義経の追討の過程で一一八六(文治二)年にも行われているのである。この場合はまだ義経はどこかで生存しているにしても、義経の側室《そくしつ》静がみごもった子が女子であれば殺すことはないが男子であれば殺すとして結局は由比浦(浜)に捨てさせているのである。

大姫の病

義高の死は大姫に知らされていなかったが、まもなく知った大姫はたち直ることのできない程のショックをうけ病がちとなってしまった。政子や頼朝は義高の追善供養、寺社への祈願などの手を尽くしたが十年余を経た後でも回復するにいたらなかった。一一九四(建久五)年の夏、一時的な回復に向った時、京都から十八歳の一条能保の子息高能が鎌倉に下ってきて縁談をすすめたものの大姫の拒絶にあって失敗に終った。

丹後局と会う

一一九四（建久五）年の夏頃から二度目の上洛の準備が始まり、さきに述べたように今度は政子や大姫や頼家《よりいえ》なども同行することになったのであるが、洛中に赴いた大姫はすでに義経は死去しているものの、同情していた静や海に捨てられたその子息などを思い出すことはなかったであろうか。ところで今回の上洛の重要な目的の一つは東大寺の供養のためであるから、三月十二日には参加しているし天皇以下摂関家公卿なども参列している。さらに十三日には頼朝も大仏殿に参拝している。

しかし注目すべきは、三月二十九日に頼朝は丹後二品（丹後局）を六波羅に招いて政子や姫君と対面させている。しかも贈物として砂金三百両を納めた銀で作った蒔筥や白綾三十端、諸大夫や侍等にも引出物が贈られている。ところで丹後二品とはどういう人かというと、後白河法皇の籠妃で覲子（宣陽門院）を生み法皇無双の籠女として後白河院政下で権勢をふるい兼実などはしばしば苦しめられた。兼実が内覧から関東の要請で摂政になった当座などは後白河法皇が追いつめられたこともあって兼実は「近日は、偏えに彼の女房（丹後局）最なり」といっていた程の陰の実力者だったのである。彼女は後白河法皇の死後は土御門通親らと結んで権勢を振った。今度の上洛にあたって頼朝は丹後局との接近につとめ、六波羅亭で贈物を送っただけでなく政子や大姫とも引き合わせている。丹後局は三月二十九日続いて四月十七日にも六波羅亭を訪れて政子と大姫と対面している。

さらに二十一日には参内して丹後局の息女宣陽門院に参り、長講堂領の七ヶ所を後白河法皇の遺勅に任せて立てられるよう指示したと伝えている。三日後の二十四日にはその七ヶ所はもとの如く年貢を納入するよう将軍家の計らいで決定している。これはどういうことかというと、後白河法皇が病があつくなったとき、通親・丹後局などの院側近たちは法皇の知行国である国衙《こくが》領を院御領の荘園にしたのに対して、関白兼実はこれを否定してもとのように国衙領にもどしたのである。

ところが今度の頼朝の上洛によって交渉した結果、頼朝は兼実の決定を取り消してふたたび国衙領を宣陽門院の庄園、長講堂領とすることに同意し、年貢徴収の約束まで行っているのである。また五月十八日には摂津の天王寺参詣にあたっては頼朝は一条能保の手配の舟に乗り同道して淀川を下ることになっていたがその「路次雑事」の費用を所領にかけて行うことを知り、それを理由にして突然取りやめて丹後局の舟に乗って参詣をすませた。

つまり、盟友兼実が苦心して行った長講堂領問題を簡単に取り消したり、妹聟一条能保が準備した天王寺参詣の舟の手配を簡単にキャンセルするなど、丹後局や源通親との露骨な接近策としかみることができない行為を行っている。

なお、源通親とはこのところとみに兼実と対抗するようになった人物で、かつて平氏一門が発展するとみるや最初の妻を捨てて清盛の姪を妻とし、平氏一族が西走することになるやこれを見捨てて後白河法皇側について二度目の妻を捨て、高倉範子を妻に迎えた。彼女は後白河法皇の近臣の後鳥羽の乳母《うば》を務め、平氏に従って都落ちした夫と離別して京都にとどまっていた人であった。以後通親は後白河法皇の近臣として活躍するといった政界遊泳術の巧みな人物なのであった。

この頼朝の二度目の上洛でかなりあきらかになってきたことは、頼朝が摂政の兼実（後白河法皇没後は関白）や妹聟一条能保などと距離をおき粗略に扱うようになったことである。兼実に対しては今回も二度ほどあって話あっているからそれなりの応対をしているようにみられるのだが、兼実の日記「玉葉」では（五月から八月まで欠けている）これに関する記載はほとんどなく頼朝との最初の話合いについてでは「雑事」を談じとあるのみで、関東方の記録にいう深更に及んだ話合とか「都鄙理世事」にとどまらなかったとあるのとは多いに相違しているし、四月一日には在洛中の頼朝に馬二匹を送ったがこれははなはだ少なすぎたとあるのみである。第一回目の上洛のとき熱っぽい話合のあった頃とは大きく異なっていることは確かである。頼朝としては眼中にある丹後局・通親とこのさい接触を密にしてできれば大姫入内の道すじはつけたいと思っていたからであろうが、しかしながらどうも頼朝が今回得たものはほとんどなかったのである。

というのは丹後局とは政子や大姫のみならず頼朝を含めて会ったり行動をともにしたり贈答品を送ったりしたものの大姫の側にも相手側にも約束とか何程かの進展があったようにも思われないのである。

もっとも、大姫入内問題ではもし頼朝側の意向が認められるようなことになればようやく入内を実現し喜びにわいた兼実と競合することになるし、そればかりでなく兼実のライバル源通親ともやがては競合することになりかねない。そうしたことからみても大姫の入内は簡単に実現する問題ではないのである。

征夷大将軍の辞任問題

次は頼朝と兼実との間の矛盾を深めたであろう頼朝の「征夷大将軍」の辞任問題である。この問題はかなり以前から脚光をあびた問題である。頼朝が支配下の武士や寺社などに発給する「下《くだし》文《ぶみ》」などの文書の研究がすすみ、その変化が注目されるようになったのである。それによると「右近衛大将」を辞任したはずの頼朝が、前右近衛大将（略して右大将）の肩書きのついた「政所下文」が建久二年の初めあたりより用いられ、それが征夷大将軍に任命されてまもなく「将軍家政所下文」に変化し、さらに一一九六（建久七）年以降は「前右大将家政所下文」というものにまた変化しているのである。

このことからこのあたりで頼朝は「征夷大将軍」を辞任したのではないかといわれているのである。征夷大将軍についてはすでに述べたように、もともと臨時の官職でその使命を終えていることからほとんど武官の象徴的意味しかなく、頼朝にとっても、王朝側の朝家にとっても現実的にはそれ程意味をもたないものであるから、この変化自体については重要な変化とみる必要はないのである。建久二年から機関中心の発給文書に変化するにあたって千葉常胤が従来のものを求めたのは「政所」という機関中心の運営となり、頼朝に近仕してきた者にとっては将軍が遠い存在となり変化に異をとなえたのはそのためだったのであった。

つまり、政所という機関は多くの武士に対応するものにすぎないのである。ただ研究者が注目したのは頼朝の肩書きの変化であって、せっかく手にした「征夷大将軍」の呼称を何故に「前右大将家」と変えたのかということが問題となったのである。頼朝が位階ではなく「官職」を辞退したのは「権大納言」と「右近衛大将」で、この場合は在京中に辞退したのである。征夷大将軍の場合、兼実が苦心して所定の手続きを経て鎌倉まで勅使を送って除書を届けるといったことによって任命されたので、ただちに断りにくいということがあったとしても、数年間は使用したことからすれば、即座に辞任するというよりは受け入れたとみるのが妥当であろう。

この問題は二年程経過した一一九四（建久五）年十月頃、辞表を提出したものの京都側では当然にもうけつけず、十一月に再度提出したが十二月には辞表は鎌倉に返却されたという。

さきにも述べたように「征夷大将軍」自体がこの時代に実質的意味をもっていないのだから双方にとって指して実害はないとみてよいのであるが、これを推進した親鎌倉派公卿である兼実や経房にとってはたまったものではなかった。彼等に対抗した通親などにとっては相手側の矛盾をつくことができたと歓迎したに違いない。

これは長講堂領問題での兼実などの政策の否定とともに、これを推進した兼実や経房にとっては痛手であったろう。一一九五（建久六）年三月の段階での兼実とは深更に及ぶまで話したというし、経房とは旧院（後白河）の御代のことと当時の「世務」事が話し合われたというし、兼実とは「都鄙理世事」を中心にそれにとどまらなかったというが「都鄙」は即ち京と鎌倉のことであろうから、この二人に対して頼朝はこれらの問題でどのように釈明したのか知りたいところである。

もっとも、これを記しているのは関東方の吾妻鏡であってすでにみたように兼実の方の玉葉にはそれがほとんどないのである。すでに述べたように第二回目の兼実との話し合いについては玉葉では今度は「雑事」を談じたとしか述べていないので話題にもならなかったのであろうか。このように二回目の上洛では兼実側の記載がなく不明なのである。

この頃の大江広元

以上のような頼朝の転換にかかわった人物ということで問題となる人物といえば、政所別当（長官）の大江広元ということになるのだが、すでに問題となったあの明法博士などの辞任の問題では、一一九二（建久三）年二月に前年の「窮冬」より後白河法皇が「御不豫」（病気）ということで同月四日には使節として上洛しているのである。そして三月二日には辞状案文が鎌倉に到着している。この指摘をうけたのは前年の十月十日でこの時も、その十日程前に成勝寺執行昌寛法橋が使節として上洛しているのだが、それは法住寺殿《ほうじょうじ》（後白河院御所）の修造のためで前掃部頭親能、大夫判官広元がかかわっていたのである。

したがって辞すべきであるという命令は上洛中の広元のもとに送られたのである。そして辞状の案文を鎌倉に送ったのは再度の上洛の時だったのである。この二つのことはともに後白河法皇の件ではあったが丹後局や通親と接する機会は当然にもあったであろう。一説には広元の任官に対して通親はいさめたというがどうも疑わしいのである。今度の二度にかぎらずとくに広元は数多く上洛しているのであって兼実にかぎらず鎌倉側の反対者ともあるいは後白河法皇などとも接する機会は多かったのである。その広元の上洛については建久初年からは毎年、かつ長期にわたっていたものだから法住寺殿修理行事、賀茂祭供奉《ぐぶ》など「重事連綿」とあるのである。

ところで源通親との関係でいうと時代が少し下がって一二〇〇（正治二）年二月末に将軍頼家が鶴岡八幡宮に参詣しているのだが、将軍の「御後衆」二十人程のメンバーで注目すべき点がある。その先頭には相模守惟義、武蔵守朝政（雅）の源家一門の二人がたち、そのあとに掃部頭広元が続いているのだが、そのあとに（三列目）源親広（広元息子土御門通親猶子）が大江能広とならんで続いている。広元の子息源親広はあの土御門通親の猶子となっているため「源」を称しているのである。土御門通親は源姓であって土御門を称する以前は源通親といっていたのである。

これは広元問題などでの通親との接近を示す動かぬ証拠とみてよいであろう。通親もすごいがこの広元も仲々の官僚型の「政治家」で一二一六（建保四）年、広元は中原姓を大江姓に改めるべく申請する考えを内々に「都鄙」（京と鎌倉）との間で話合って、ついに女房を通じて諾否を伺ったという。その後は二階堂行光（行政息）より正式に申し入れ論旨が下されたという。

その申請書によると改姓については中国や日本に例が多いこと、中原家の発展に比べて大江氏の劣勢が著しいことから本姓に復して絶氏をうけつぎたいというもので、広くは儒流の再興を期したいという広元の見解は「都鄙」すなわち都の人であれば異とすることはないが、この時期の広元はかの北条義時《よしとき》をしのぐ正四位下陸奥守であって関東に自らの立脚点をおくかぎり問題ではなかろうか。一一九一（建久二）年広元に対して「顕要之官職」の兼帯を辞退するよう命じた頼朝が生存していたらどうみるだろうか。晩年の「朝家」との接近に走った頼朝は是とするのだろうか。

なお、広元の子息親広についていえば承久の乱の直前には伊賀光季とともに京都守護に任命されて、洛中にあったため官軍（朝家側）の「勅喚」に応じ、他方の伊賀光季は応じなかったため官軍の攻撃をうけて自殺をとげている。親広は官軍の召集に応じて近江国供御瀬に出陣し敗れて洛中にもどったあと、関寺の辺りで姿を消し、所領の出羽国の寒河江に潜伏し、その地で没している。命を全うすることができたのは広元の子息ということが大きかったのであろう。要するに広元と兼実の政敵通親とは少なくともかなり親しかったのである。

建久七年の政変

頼朝の丹後局や土御門通親との接近策の到達点を示すものの一つが一一九六（建久七）年のいわゆる「建久七年の政変」といわれるものである。この政変は関白兼実の娘宜秋門院（任子）が皇子を産むことができず内裏から退出する破目となった。他方兼実の政敵通親側では妻範子はもと法勝寺法印能円の妻であって能円には在子という娘があり、通親はこの子を養女として天皇に進めたのである。この女子を宰相局といい承明門院といった。

ところが一一九五（建久六）年八月に兼実の息女任子は皇子誕生の期待にもかかわらず皇女（昇子内親王）であったのに対して通親の養女承明門院は同年十一月に出産しこちらは皇子為仁（のちの土御門天皇）の誕生であった。こうして通親は外祖父として養育することになり、また翌年の十月には坊門信清の娘にも皇子長仁親王が誕生している。

これらの結果は中宮（宜秋門院）の立場を弱くし、すでに述べたように内裏にとどまることができず十一月末には早くも退出しているのである。この問題はこれで終らず十一月二十五日兼実は関白をやめ、代って基通が関白氏長者となっている。翌日には慈円も天台座主法務大僧正などをやめ、承仁法親王が就任している。

さらにその弟兼房も太政大臣を辞している。こうして通親の養女の皇子出産を機にあっけなく九条一門（兼実の一門）は要職を追われ「朝家」の実検は源通親に移ることになったのである。この事件を「建久七年の政変」という。この事件の当事者の一人である慈円はこの問題の背後に頼朝が通親らのさそいに乗って大姫入内問題が可能だと錯覚して近づき、親鎌倉派の兼実をはじめとした公卿たちと離反することになったと指摘している。通親は事実上の兼実の関白罷免では満足せずにさらに兼実を流罪にしようと計ったが指したる罪科があるわけでないため行うことはできなかったという。

またあとの祭りであるが頼朝は慈円の座主辞退には大いに恨んだというし、後鳥羽天皇の退位、そして院政、通親の養女が生んだ土御門天皇の即位には反対であったが頼朝には手にあまることでどうすることもできなかったという。慈円はこれらの事は「シレル人ナキサカイ事也」といっている。

なお、大姫の入内問題はそう簡単に実現しうるものではなかったが、当の大姫自身が事変の直前の七月十四日に実円法印という験者を京より呼んで加持祈祷などを行ったがその甲斐もなく二十歳で鎌倉で一生を終えている。慈円は彼女の最後にあたって「京へ参ラスベシト聞エン」人といっている。

土御門通親

一一九八（建久九）年正月、ついに土御門天皇が実現し、通親は天皇の外祖父であるとともに上皇の院司であったため、世の人は源博陸（源氏関白）といわれる程の実力のある存在となった。兼実もまた彼のことを「源博陸」と称し「土御門」といわれたとし、禁裏仙洞（皇室と院）を掌中にし事実上の国家の執行権力を握って「天下独歩の体」といっている。そうしたことの実例として正月の除目（大臣以外の官人を任命する儀式）で摂政が不在であるから延期してはという公卿らの意見に対して、院別当藤原親経と相談して摂政にも通知せず後鳥羽上皇にも申し上げずに彼の意向で実施しているのである。

頼朝死去

この翌年の十月になんらなすこともなく頼朝は死去しているのだが、慈円の愚管抄によれば「今年必シズカニノボリテ世ノ事沙汰セント思ヒタリケリ、万ノ事存ノ外ニ候ナドゾ、九条殿ヘハ申ツカハシケル」（傍点著者）と兼実に伝えたというから、三回目の上洛によって局面の打開を計りたいとの意向をもっていたようである。

なお、大姫死後も「頼朝コノ後京ノ事ドモ聞テ、猶次ノムスメヲ具シテノボランズト聞ヘテ」

と慈円は記しているからこの問題も終わりにしたくなかったようである。

こうして冷静かつ沈着な将軍であり政治家とみられた頼朝が、その最晩年にあたって素顔をあらわしたようにみえる。あれほど平氏の失敗に学びその教訓として例えば支配下の御家人達に「顕要官職」につくことを禁じ、あれ程までに朝家との接近に警戒心をもって義経を糾弾したのにこうした破綻は何故生じたのであろうか。藤原氏や平清盛とはすこし形は違うが、一一八三（寿永二）年八月、践祚問題で義仲は故三条宮（以仁王《もちひとおう》）の子息が北陸におり、今度の平氏に対する挙兵の勲功に関してはこの以仁王の力によるものでその子息の（北陸宮）立王には異議はないはずだとしてその擁立に意欲を示したことがある。

このような義仲と歴代の藤原氏や平清盛のように頼朝もまた外祖父の地歩を確保するために同じ道を選ぼうとしたのは何故であろうか。中央貴族の末裔として、清和源氏《せいわげんじ》の本流をうけつぐ者としての自負の意識から抜け出すことができないという限界を示すものという他はないということであろうか。

そういえばかつて頼朝は「ナンデフ朝家ノ事ヲノミ身グルシク思フゾ」（愚管抄）といったという上総介広常《かずさのすけひろつね》を後白河法皇に対する忠誠の証として殺害したということのなかにこの事態を生み出す芽があるように思えてならないのである。すでにふれた頼朝の死は一一九九（正治元）年正月三日、十二世紀の終ろうとした時期に五十三歳での旅立ちであった。前年の暮、相模川の橋供養にのぞんで落馬したのが死因であるとか、所労によるとかいわれているが詳細は解らない。幕府の公式記録の吾妻鏡は三年以上の記事が欠けているためその死の謎を深めている。

さて、頼朝は確かに全国の武者の覇者となった。いくつかの知行国主ともなったし、荘園領主ともなって鎌倉に幕府を開いた。いままで述べてきたように政治的に全国を支配することはなかったし、勝利者でありながら源氏の正統な継承者は三代（頼家と実朝《さねとも》は兄弟であるから正確には二代）で終り、それも短く北条氏が執権を摂関家が将軍をひきつぐことになったのである。

おわりに

義経のこと

最後にいくつかのお断りといくつかの補足を行ってしめくくりとすることにしたい。まずタイトルからみて「頼朝と義経」というからには二人の関係、とくに両者の確執のありようや後者の義経について大いに論じて欲しかったという感想をもたれたのではないかと思う。

前者についていうと二人が直接わたり会う場面がほとんどなく、頼朝が一一八〇（治承四）年一〇月に感激的な対面を行ったことはほとんど例外的なことで、義経が頼朝に要望する場合は公《く》文所《もんじょ》（後に政所《まんどころ》）の長官の中原広元《なかはらひろもと》とかの使者を通じてなのであって、いわば主従関係が前面に出ていて、いわゆる兄弟の関係は後景に退いていたのである。まさしく義経が「骨肉同胞」の間柄であるのにそれが無きに等しく「空しい」といったのはそうした状況を指しているのである。

そうした事情もあって義経にかぎらず頼朝にしても親しく接することはできなかったのである。二人の関係がそうであったにしろ、義経についても、もっと語って欲しいという不満が残ったであろうことは私としてもよく理解できる。「平家物語」の義経や室町時代に書かれた「義経記《ぎけいき》」、謡曲の「橋弁慶」、さらには歌舞伎一八番の一つである勧進帳、江戸初期、江戸河原崎座初演で能「安宅」を改作し義経・弁慶主従が安宅の関を通過する苦心談をみた人たちにとってはとくに不満が残るであろう。

さらにまた東北・北海道その他の地で語られている伝説になじんでいる人たちにとっても同様な感想をもったであろう。歴史を研究している者の宿命というか悲しさというか日本人の多くの人たちの琴線にふれるような叙述は仲々困難であって、多くの人達に「古典」として親しまれている「平家物語」についてさえも、歴史家にかかると虚構はなんで真実はどこの部分かなどと詮索することになるのである。

私としては比較的信用性のたかい歴史的な「史料」をもとに書いているので、文学者などが求め追求されている「真実」とは異なっているということを是非とも理解していただきたい。「事実は小説よりも奇なり」といった言葉があるが事実のもつ「重み」や「悲しみ」「残酷さ」などが少しはふれることができたのではないかと思うのでそうしたことをくみ取っていただければ幸いである。

十二世紀後半の時代とは

次は本書の取り扱っている時代の特徴についてのべることにしたい。一一五〇年代からの五十年間のうち三十年程は合戦のない時期もあり、保元《ほうげん》・平治《へいじ》の乱のように都を中心とする合戦、いわば局地戦の時代もあったが、一一八〇年からの十年程は有史以来の最大の内乱で、全国いたるところで合戦が行われたのである。義経はその最終に近い一年前に殺害され（三一歳）、その十年後に頼朝も死去している（五三歳）。

こうみてみると頼朝にしても平和の時代は晩年の十年程に過ぎない。彼等が生をうけてまもなく保元の乱が起こり（頼朝九歳、義経は生まれておらず三年後の平治の乱の年に生まれた）奈良時代定められた律令の謀叛の罪は死刑であったがそれはほとんど実施されず、かの薬子《くすこ》の変で藤原の仲成《なかなり》が処刑されたあと三百五十年ほどは流罪ですませ死刑は行われなかったのである（勿論その間の合戦などによる戦死者はあったが）。

ところが保元の乱では、宣旨《せんじ》などで賊軍と指定された中心人物に対しては謀反人として律令の規定通りに死刑を復活させて、死者の首は獄舎の門または木にかけてさらし首にして断罪したのである。かの義仲《よしなか》の場合では後白河院政と対決し摂政基通をはじめ二十六人の公卿《くぎょう》・参議・衛府などの高級役人を解任し、後白河法皇と縁の深い園城寺円恵法親王以下百十一人の首を五条河原の木にかけて「軍呼」三度に及んでいわば勝利宣言をしているのである。こうした激しい義仲の行為や都でのふるまいや、合戦の進め方などとともに野蛮で粗野な人物との評をうけることにもなったのであろう。

いずれにしても、二人の生きた時代のはじまりから慈円《じえん》のいう「武者の世」に突入したのである。しかも、これまでの日本人が経験したことのない全国的な内乱の時代となったのである。二人を考えるにあたってはこうした時代であるということをおさえておく必要があるのである。しかも、戦争の被害は兵士たちは勿論のこと、兵糧米の負担や災害や飢饉などとあいまって非戦闘員の被害のすさまじさは方丈記などに詳しい。

頼朝と義経

本書のタイトルからして両者の関係はどうだったのかを当然ながらふれなくてはならない。本文でもふれているのですこし角度をかえてこの問題を検討することにしよう。

両者は兄弟ではあるが母は異なっている。つまり、頼朝の方は熱田《あつた》大宮司藤原季範《すえのり》の娘であり義経の方は九条院雑仕常盤御前《ときわごぜん》である。この二人の兄弟は同居したことはないし、指呼の距離で生活したのは鎌倉で兄に仕えた三年間程であろう。

こうした関係の兄弟はお互いにどんな感情を抱くものだろうか。両者が常に遠く離れて生活しているということは、通常の兄弟以上に深い思いを抱くかその逆ということも考えられるが、ともに平氏のために父を失い逆境におかれたことから前者と考えられるが、これは現代人の私の推測にすぎない。

さらに推測をたくましくするならば兄弟愛といったものは多分に観念的なものだったのではあるまいか。義経が腰越状で自己を弁明したのち「骨肉同胞」の間柄を強調してそれが「空しい」ものとなったといっているのは、他面では兄弟としての共通の体験などについて一言も語ることのない両者の関係の告白であり、語ることができたのは義経の義仲や平氏の追討における活躍であったり、自己の苦しかった環境や都での後白河法皇との関係などであったのである。

鎌倉の三年間でいえば頼朝軍の富士川での勝利後の奥州から鎌倉にかけつけての感激的対面のあとは、例の鶴岡若宮造営の上棟式を行うにあたり武蔵国の浅草から招いた大工に馬を与えることになりその馬の引手役を務めることを固辞したため、この役を卑下したとして満座のなかで叱責されたとか、義経の初陣が延期されて五カ月後にひそかに江の島の弁財天での供養（実際は鎮《ちん》守府将軍《じふしょうぐん》藤原秀衡《ふじわらひでひら》の調伏祈願）からはずされるなどがありながらも、あとは戦場で、あるいは京都で、両者が決定的な対立関係に落ち入り、義経は常磐御前との関係で、平氏や後白河法皇とも接近し頼朝との距離を広げていったのである。かなりの期間、洛中やその周辺にかくまわれながら最終的に奥州に移った弟を頼朝はどのように扱いみていたかは本文で詳述しているのでくり返さないが、頼朝の側からすると、範頼《のりより》にしても義経にしてもとくに初期においては特別に扱う事はなく、他の武士の手前もあって極力兄弟ということは抑制していたのである。頼朝の地位が安定して本格的に義仲を追討する時期にいたって、範頼と義経を頼朝の「御使」（代官）とし、つづく一の谷の合戦では大手大将軍には範頼を、搦手《からめて》の大将軍には義経を抜擢して任命しているのである。

平氏を西国に追いやったあとで頼朝は国がとるべき政策に関して四ヶ条の申し入れをおこなっているのであるが、その中の「平家追討事」に関しては、畿内近国で源氏平氏と称して「弓箭《きゅうせん》」をたずさえている者や住人についてては、義経の指示に任せて引率することを認めて欲しい。さらに平氏を討つにあたってては海路のためたやすくないので、急ぎ追討するよう義経に命じて欲しいともいっているのである。

これでみると、こと合戦については義経を高く評価し任せようとしていることが解るのである。ここには大手の大将軍の範頼については何も言及していないのである。だがこの年の六月、恩人である池大納言頼盛《よりもり》と子息を官位に戻す（還任）ことを実現し、また自らも三カ国の知行国を拝領し、その国の国守（長官）に源氏の一門である範頼には三河守、広綱には駿河守、義信には武蔵守となるよう推挙し任命しているのである。勲功のあった義経は推挙されず兄範頼は厚恩に浴したとして喜悦したという。

ところでこの任官は六月五日で頼朝の源家一門の三人を推挙したことは知れわたっていたはずで、この月の一六日に頼朝挙兵以来功績のあった武田義信は武蔵守に推挙されたものの子息一《いち》条《じょう》忠頼《ただより》は世をみだす志があるとして殺害されているのである。挙兵以来父とともに功績のあった忠頼としては今度の源氏一門三人の任官には不満があったのではなかろうか。甲斐武田氏についてはすでに述べているように富士河の合戦の陰の功労者で、忠頼の父武田義信はこの度は任官できたものの頼朝が鎌倉にもどって勢力を増大させた折に、院殿上で頼朝追討使に任命されたとの風聞に対して、子々孫々にいたるまで頼朝に弓を引くようなことは絶対しないと起請文《きしょうもん》を提出させていたのである。

いずれにしても、この時期あたりから同じ源氏一門でも優遇されるものとそうでないものとの差別がすすみ、その不満は一人義経だけではなく忠頼にもそれをみることができるのである。さき程、頼朝は他の御家人たちに遠慮することなく源家一門のものたちを抜擢するようになったといったが、実際には宿老といわれる有力武士には気を使っているのである。

頼朝は宿老といわれる有力御家人や側近たちを招いて酒宴などを催し、さきほどの一条忠頼などもそうした席で殺害されたのである。宿老たちを優遇した事例としてはすでに述べていることではあるが義経が追われたさきの奥州合戦では三手に分れて進軍するのであるが、大将軍はいずれも宿老の御家人たちであり、奥州合戦における勲功賞として第一回目の頼朝の上洛のさい十人の武士が任官しているのであるが、それらはいずれも宿老本人か子息や孫たちだったのである。

頼朝が次に知行国を拝領したのは平氏を最終的に滅亡させたあとで、そのさいに六ヶ国で都合九ヶ国になったのだが、この時も、源氏の一門のみがそれぞれの国守（長官）に任命されたのである。このような国守（長官）の任命は頼朝時代ではほとんど源氏一門で固めているので一族一門を重視しているといってもよいことになるのだが、対抗するとみるや義仲・一条忠頼（甲斐源氏）・志田義広《しだよしひろ》など排除された者も少なくないのである。

ところでこの六ヶ国のなかに義経も含まれていて伊与守に任命されているのである。もっとも、頼朝が義経を伊与守に推挙したのは平氏を破ってまもなくであって、正式に任命された時には義経の不義が発覚したとして敵対者と見なすことになったのである。

ただし、形式的には国守の任命は「朝家」が行うことになっているのでそのままにしたという。四月の段階では義経を容認したはずであったが、すでに述べているように両者の対立はそれ以前から激化の一途をたどったのである。実は当時の武士にとっては「官位」（官職と位階）を得ることはかなり重要だったのである。義経の「官位」問題はふれているのでいくつかの事例をあげてみよう。

官位の問題

平氏を破ったまもなく二十数名の東国の御家人が頼朝の許可なしに「兵衛尉《ひょうえのじょう》」などに任官して

処分を受けたことがある。そのほかでは奥州合戦の恩賞として頼朝の御家人十人が「左右兵衛尉」「左右衛門尉」に任官が認められているが、その数日前に「仙洞」に召された折、後白河法皇は直垂を着し大刀持の武士の名前を聞き無官はよろしくないといい、至急「兵衛尉」を授けるよう仰せがあり翌日には院より上下装束を賜ったことがあったのである。

また頼朝が征夷大将軍《せいいたいしょうぐん》の「除目《じもく》」(辞令)を持って勅使が鎌倉に到着し、肥後介中原景良から「除書」を受けとったのは三浦介義澄《よしずみ》であった。彼はつねづね三浦介を名乗っていたがこれはどうも私称であったようで名字を問われた時にまだ「介除書」が到着していないので三浦次郎義澄と名乗ったという。

いずれにしても都との関係ばかりでなく、御家人達の序列を定める場合でも「官位」は一つの目じるしでもあって、さきにみたように希望する者が多いばかりでなく強烈に求めようとする動きがあったのである。

なお、ここでふれておくべきこととして義経なき奥州合戦の大将軍にはかつての大手の大将軍範頼の名はないのである。このように一面では実力主義が採用されていたのである。

武士たちの席次

将軍がどこかに出かける時には随兵が行列をなして「供奉《くぶ》」するのであるが、この場合の随兵となる資格としては「三徳」が必要であって第一は「譜代勇士」であること、第二は「弓馬達者」であること、第三は「容儀神妙者」ということであるが、しかし序列は「官位」などが大いにかかわるのである。

第一回の頼朝の上洛の帰途にあたり、駿河守広綱が遂電するという事件があったのだが、ほぼ一年後に子息の加世丸という者がその事情を説明しているのである。

それによると上洛にあたっては頼朝の供奉人（随兵）に定められたが、それは京都になれていることと官位でいえば最初に推挙されて駿河守となり源家一門の上臈（高位）となっていたからであったが、帰途にあたっては供奉人になれずもれていたということを遂電した理由の一つにあげているのである。

こうした問題は席順とか「供奉人」の行列が二列のときどちらが「左」かといったことでも問題となったのである。このようなことは功労のある三浦介義澄だから「介除書」が到来していないので無官であるといえるのだと評判になったほどである。こうしたことからしても比較的長期に都に滞在していた義経は無官というわけにはいかなかったのである。

頼朝の孤立

次ぎは頼朝の立場について述べてみよう。

頼朝は関東の雄となってからは清和源氏《せいわげんじ》の嫡流で「武器之家」をうけつぐ首長であって、当時の言葉でいえば武家の棟梁《とうりょう》なのであった。その点では義経とは立場が決定的に違うのである。その上に性格的にはかなり過敏症的なところがあって静と義経との間の男子の子を襁褓《むつき》（うぶき）のうちに海に捨てさせるといったことはその一例である。頼朝は危ないとみれば源家一門の弟の義経ばかりでなく範頼も殺させているのである。

前者では「意趣返《いしゅがえ》し」を恐れたからであろうし、それは義仲の子息義高を殺させたのもそれであろう。義経などはいずれは自分の地位を脅かす存在と映ったのであろうか。

晩年の頼朝は下河辺庄司行平《ゆきひら》には「芳情」を施すあまり、子孫については永く「門葉」（一族・一門）に准じて扱うとして「御書」さえ与えているのである。彼は確かに源頼政《よりまさ》が都で挙兵したことを頼朝に伝えて以後、何度かの合戦で功績をあげ、とくに平氏追討の最終局面で軍需物資不足に陥った範頼を助け、自らの甲冑《かっちゅう》を売って小舟をととのえて平氏との海戦に功績をあげ頼朝を感激させたことがあったが、他方で多くの武士も失っているのであって、下河辺行平《しもこうべゆきひら》の子孫を「門葉」に准ずる扱いをしたことは自身の孤立を告白しているとみてよいであろう。

範頼について

義経についてはすでに何度かふれているので範頼についてふれることにしたい。幕府の記録である吾妻鏡に範頼が登場するのは富士川の合戦のあと常陸《ひたち》の志田三郎との一戦で小山朝政を加勢するために馳せ参じたというのが最初のようであるが、挙兵あたりから協力していたものであろう。

範頼は義経と違って頼朝の指示には忠実に従っていたが、しばしば叱責をうけている。義仲・平氏の追討にあたっては大手の大将軍として、弟の義経の搦手の大将軍とともに抜擢されて活動したのであるが、奥州合戦では千葉常胤《つねたね》など挙兵以来の有力武将が大将軍となっていて範頼は任命されていないのである。

勿論、範頼自身は早くから三河国の国守（長官）であったからそれなりの位置を占めていたのであるが、頼朝が征夷大将軍にのぼりつめ安定的な状態にあったはずなのに、何度も異心なき旨の起請文を書いて誓っているにもかかわらず一一九三（建久四）年に頼朝に疑われ伊豆の修善寺に幽閉され、のちに殺されているのである。

頼朝は本当に自分をおびやかそうとしていると認定したのであろうか。それとも誰かが範頼を擁立して頼朝を倒そうとしたとみたのであろうか。そのどちらも可能性はうすいと思われるのだが、どうであろうか。悲劇の人というなら義経の兄範頼もその一人であるといってよいであろう。

ふたたび頼朝と義経

すでに述べてきているのであるが、正面からは扱っていないので、義経と頼朝はどうして和解できなかったのかについて考えてみたい。結論的には「両雄ならび立たず」といった喩えがあるが、最初に頼朝追討の宣旨を求めたのは義経や行家《ゆきいえ》であって彼らの方に非があるという意見が当時もあったし、兼実《かねざね》のように義経の実質的な父は頼朝なのだから父に立ち向うというのはよろしくないといった意見があるが、頼朝は都の公卿や院と結んだ義経を危険であると察知して土佐坊《とさのぼう》昌俊《しょうしゅん》らの刺客を送っているのであって、行家や義経がもはやこれまでということで反撃に転じたのである。

したがって問題はそうなる前に両者の激突を回避する動きはなかったのかということが問題と

なる。少し奇妙なのは両者の対立の焦点が行家になっていることである。頼朝の側でいえば行家が謀叛を企てているようであるからいさめるようにといってみたり、後白河法皇は義経に行家を何度もなだめるようにいい、義経としてはそれは不可能で自分も同調することにしたといっているのである。

ところが関東では義経や行家を討つべしということでは一致していて、頼朝に意見を具申する動きは皆無だったようである。このあたりでは都の事情に通じ頼朝のよき相談相手のはずの公文所別当の中原広元などは、洛中での義経の状況などを自ら上洛した折りなどではほとんど頼朝に報告し、むしろ対立を助長させているようにもみえるのである。こうした状況では両者の対立を回避することは不可能とみる他はないのである。もっとも、対立が不可避となった段階でかの聖《せい》弘得業《こうとくぎょう》は正面から頼朝に意見をしているがすでに遅く効果はなかったのである。

次は義経の頼朝に対する弁明をみてみよう。この点もすでにふれているのでくり返すことになるが平氏打倒のために奮闘したのに誉められるどころか罰せられるということ、官位拝領については後白河法皇の仰せであるので辞退できなかったことなどと述べて「骨肉同胞」の間柄であるから許してもらえるものと思っていたが会うことさえも許されなかったというのである。

さらにいうならば讒言《ざんげん》は受け入れて自分の（義経）いいぶんを聞いてもらえなかったのは残念だともいっている。頼朝の立場としては自分に反抗する者とみて一顧だにしなかったし、頼朝の側近たちも同様な見解に立って頼朝に同調していたようである。

知り得る範囲内での唯一の例外はすでにのべたあの南都の僧の聖弘得業であってかれは「魚水」

の思ひに立ちかえるなら、義経のこの間の合戦での功績を正当に評価し、梶原景時らの讒言を排除して義経の名誉を回復すべきだといっている。だがこの時には義経は奥州の秀衡のもとに逃れていて対立を回避することは困難だったのである。

両雄ならびたたず

十一世紀あたりからそれぞれの「家」が果たすべき職務や役割が固定化し、例えば摂政関白を出す家が固定化し、「摂関家」といわれるようになった。勿論、その顕著な一例は「天皇家」（朝家）であろう。もう少し例をあげれば藤原俊成の「家」などは勅撰集を選集することから「歌道家」などといわれたのである。定家のあとは三家に分裂している。頼朝自身も自らを「武器之家」をうけつぐ身であるから（遠国に住んでいることもつけ加えている）「公務」（国政や行政）の子細は知らないのでそうした仕事はできないといい、自らの位置や役割を限定しているのである。そうとすれば義経などにもしかるべき位置を与えるべきではなかったのか。「代官」はともかく「伊予守」は遅きに失したというべきであろう。

ところがともすると相続問題で分裂や対立が惹起されるのである。かの保元の乱はまさに天皇家や藤原氏の対立が出発点となっているのである。藤原氏の場合は近衛家とか九条家の分立となり、とうとう五摂家といわれるように五つの家に分立しているのである。歌道家の俊成のあとはかの藤原定家でそのあとは三つに分立し三者の対立を示す訴訟文書を残しているのである。とくにその「家」がある職務、例えば摂政・関白・征夷大将軍などになるとその椅子は一つであるから相続をめぐってときには深刻な対立を生むのである。

周知のように「将軍職」は頼朝のあとは頼家《よりいえ》で全国の支配領域は分割するなどの処置がとられたものの、将軍職は一つであるから最終的には頼家が追われることになったのである。この項の小見出しを「両雄ならび立たず」としたのは、頼朝と義経あるいは範頼はある意味では一つの椅子をあらそい平和的に解決することができず、決戦（義経の場合）で決着するという方式をとったということがいえるのではなかろうか。再言するならば天皇・摂政（関白も）・征夷大将軍などという地位は一つの椅子しかないので分割することができないが、それに対して所領や財産は分割することができるのである。

勿論分割にあたってはその仕方をめぐって対立することはあるが一つの椅子をめぐる対立とは深刻の度合が違うのである。古代の例ではあの中臣鎌足の家系は四家に分立し、平安の初めには北家が式家を倒して覇権をにぎるのであるが、そのあとは伴氏や源氏などの他氏族を排除して藤原の北家が摂政・関白を独占し、摂関家（摂政・関白を出す家）として確立し天皇家などと同様に世襲化するのであるが、その継承の内実はそう安泰ではなかったのである。道長や頼道は長期にその地位を保持したが、その後は不安定で保元の乱では武力で勝者と敗者にわかれ、その後は近衛家とか兼実のように九条家を分立させて摂政家の家格を保持したのである。

頼朝の失敗

勝利者頼朝については世人の評価はたかく、南北朝時代の北畠親房なども頼朝などを高く評価しているのであるが、その晩年では大きな失敗をしているのである。それは世にいう「建久七年の政変」をただ見送るしかなかったからでもあった。

この政変で最も信頼し盟友としてさらには親鎌倉派の公卿として「内覧」に推挙し、その後は摂政関白の地位を失った兼実に対して、第三回目の上洛を実現して何とか打開しようという意図はあったもののまもなく死去し、上洛することもなかったのである。こうしたことになったのは晩年の頼朝が兼実の政敵である丹後局や源通親に接近し、後白河法皇なきあとのいくつかの政策、例えば頼朝をいち早く征夷大将軍に任命したことなどの兼実の政策を否定するなど窮地に追い込んでしまったのである。

勿論、兼実の失脚の最大の原因は娘を入内させ中宮とすることに成功したものの男子を出生することができなかったことにあるが、頼朝が兼実を敬遠したことも理由の一つであったのである。頼朝は何故に丹後局や通親に接近したのかが問題となる。頼朝もまた藤原氏や平氏のように、さらにはある意味では義仲が以仁王《もちひとおう》の子息を天皇に推挙したことも加えることができるであろうが、娘を入内させて天皇家の外戚《がいせき》になろうとして足をとられたということであろう。こうしたことは皇親の流れをうけついだとする清和源氏の貴種意識から頼朝は脱却することができなかったということであろうか。

こうした意識は「朝家」のことにこだわりすぎると批判的であった上総介広常《かずさのすけひろつね》を殺害して、後白河法皇に忠誠の証としたことなどにみてよいと思う。

こうした頼朝の晩年の行動に関してはしばしば上洛して都のことを熟知しているはずの政所別

当の中原広元などが助言すべきであったのだが、すでに述べたようにその広元も子息を通親の猶子としているありさまであるからそれは不可能だったのであろう。いずれにしても、頼朝は軍事上の覇者となったものの、政治的な改革についてはみるべきものはなかったのである。

なお、頼朝の女性問題についてはほとんどふれるところがなかったが、清盛や父義朝《よしとも》同様に多妻多妾といった都の風習にそまっていて、その点でも関東武士と異なっていたことをつけ加えておこう。

ところで一一八〇（治承四）年から奥州合戦にいたる有史以来の全国的な内乱は何をもたらしたのであろうか。頼朝をはじめとして「武者の世」といわれるように武士たちもまた多くの生命を失い、財産は得たものもあるが平氏や奥州藤原氏に仕えていた武士たちは多くの犠牲を払ったことは確かである。

勿論、本書ではほとんどふれることがなかったが非戦闘員である農民や一般民衆、役人や神官や僧侶たちも多大な犠牲を払ったことは間違いない。その責任を頼朝一人に帰すことはできないのだが、その一端は頼朝にも責任があったということができよう。何故なら奥州合戦などではある意味では必要がなかったのである。いまさら頼朝に平和主義者たれという気持ちはないが、しかし、合戦（戦争）を回避する意図はほとんどの武士になく、頼朝論もそういう角度からもみるならば、頼朝は多くの武将の上に立って軍事的には覇者となり成功はしているものの政治的には幕府の確立のほかにはみるべきものはなく、新しい社会を創造することもなく農民たち民衆はあらたなたたかいの準備に入った時代ということではなかろうか。

最後に本書は私の鎌倉時代の研究を基礎にしてまとめたもので、とくに参考文献をあげていないが進んで探求されようとされる方は研究書にいどんでいただきたい。なお、本書には「愚管抄」(著書は義経と同年代の人)など若干の史料を引用しているが、これは安易な現代化をさけるためである。そのあとには趣旨が説明されているので労をいとわず読みすすんでいただきたい。

二〇〇四年秋、九月末日　赤城山をふり返って「追記」

「追記」三校を終えたあと保立道久氏より「義経の登場」(NHKブックス)が送られてきた。のちほどゆっくり読ませていただくことにするが、参考文献に角川源義氏(一九六六)「源義経」(角川新書)が紹介されているのを知った。そこには「高田実の執筆協力、共著部分あり」とある。これは角川氏の博士論文を出版するにあたって角川氏の親友杉山博氏より義経の実像といったものを私に是非書くように命ぜられ(?)たのだが、まだ若かった私は人物を書けるほどの力量はないとお断りして叱責された想い出がある。その仕事は結局のところ学友の高田氏が行うことになったが、あれは四十年程前のことであった。

北爪真佐夫（きたづめ　まさお）
1933 年　群馬県生まれ
1957 年　国学院大学文学部史学科卒業
1957 年　国学院大学大学院文学研究科日本史学専攻修士課程修了
1977 年　札幌商科大学人文学部教授
1984 年　札幌学院大学教授（校名変更）
2002 年　札幌学院大学を定年退職
札幌学院大学名誉教授
著書
『中世天皇制論』（体系日本国家史二 中世 所収　1975 年　東京大学出版会）
『鎌倉政権』（共編　1976 年　有精堂）
『中世政治経済史の研究』（1996 年　高科書店）
『中世初期政治史研究』（1998 年　吉川弘文館）
『文士と御家人――中世国家と幕府の吏僚――』（2002 年　青史出版）など

争乱期を生きぬいた頼朝と義経

2005年7月25日　初版第 1 刷発行

著者 ――北爪真佐夫
発行者 ―平田　勝
発行 ――花伝社
発売 ――共栄書房
〒101-0065　東京都千代田区西神田2-7-6 川合ビル
電話　03-3263-3813
FAX　03-3239-8272
E-mail　kadensha@muf.biglobe.ne.jp
URL　http：//www1.biz.biglobe.ne.jp/˜kadensha
振替 ――00140-6-59661
装幀 ――澤井洋紀
イラスト ―藤山成二
印刷・製本　モリモト印刷株式会社

ISBN4-7634-0445-8 C0021